검찰국가의 배신

지은이 **이춘재**

저널리스트. 1996년 전두환·노태우 두 전직 대통령 재판 취재를 시작으로 기자 이력의 대부분을 법조 분야에서 쌓았다.《한겨레》법조팀장과 사회부장을 지냈고, 지금은 논설위원으로 있다. 2007년 김용철 변호사(전 삼성 법무팀장)의 내부고발로 시작된 '이건희 비자금 사건'과, 2016년 박근혜 정권 말기에 벌어진 일련의 검찰 비위 사건(진경준·홍만표·우병우 사건), 2019~2020년 '조국 사태'와 '추미애-윤석열 충돌' 등을 현장에서 취재했다.
노무현 정권 당시 진보 성향 대법관 5명의 활약상을 그린《기울어진 저울》(2013)과, 문재인 정권의 검찰개혁 실패 원인과 윤석열 정권의 탄생 배경을 추적한《검찰국가의 탄생》(2023)을 썼다. 복잡하고 어려운 사건일수록 누군가는 기록해야 한다는 생각으로 쓴다.

검찰국가의 배신

ⓒ 이춘재, 2024

초판 1쇄 인쇄 2024년 5월 23일
초판 1쇄 발행 2024년 5월 31일

지은이 이춘재
펴낸이 이상훈
인문사회팀 김지하 최진우
마케팅 김한성 조재성 박신영 김효진 김애린 오민정

펴낸곳 ㈜한겨레엔 www.hanibook.co.kr
등록 2006년 1월 4일 제313-2006-00003호
주소 서울시 마포구 창전로 70(신수동) 화수목빌딩 5층
전화 02-6383-1602~3
팩스 02-6383-1610
대표메일 book@hanien.co.kr
ISBN 979-11-7213-067-1 03300

검찰국가의 배신

김학의 사건이 예고한 파국,
검찰정권은 공정과 상식을 어떻게 무너뜨리는가

이춘재 지음

현대사회의 권력은 법을 따라 흐른다. 법권력이 검찰과 같은 소
수의 법기술자들에게 포획되어 있는 우리나라와 같은 경우는
더욱 그러하다. 권력은 법의 외피만 둘러쓰고 있을 뿐 그 자체로
폭력이 되어 많은 사람들의 삶을 옥죈다.

 이 책은 우리 사회에 법과 정의가 부재함을 드러낸 대표적 사
례로서 김학의 사건을 다룬다. 단일하되 여러 갈래의 분편으로
구성되어 있는 그 사건을 낱낱이 파헤치고 추적함으로써 집권
하자마자 "유권자들을 배신한" 검찰정권의 생생한 민낯을 드러
낸다. 실제 김학의 사건은 우리 검찰이 가진 권력의 질과 양을
측정하는 시금석이 된다. 조직 구성원의 비리나 불법조차 눈감
고 덮어주는 권력, 그런 권력을 통해 마치 자기 조직은 무흠결의
절대권력인 양 전횡하는 권력, 나아가 조직에 균열을 내며 그들
의 비리나 불법을 드러내고 교정하고자 하는 내부자를 배신자
로 규정하고 "수사권을 가지고 보복하(는) 깡패"의 권력까지 이
사건에 압축되어 있다.

 안타깝게도 배신betrayal과 전승tradition은 동일한 어원을 갖는
다. 이 책은 검찰이라는 조직 안에서 이 배신과 전승이 어떻게
교차하며 어떻게 취사선택되는지를 정확하게 찍어 낸다. 아울
러 그 이야기를 통해 가당찮게 국민을 배신하고도 그것을 자신

들의 권력으로 전승해 온 검찰국가의 본질을 꿰뚫어 보게 한다. 혹은 군사정권을 내칠 수 있었던, 민주주의를 향한 우리들의 "꺾이지 않는 마음"이 이런 검찰국가를 배신하는 우리 국민들의 오랜 전통임을 단언한다. 요컨대 《검찰국가의 배신》은 배신의 계보를 오래된 미래로 현시하고 있는 것이다.

한상희 건국대학교 법학전문대학원 교수

문재인 정부가 심혈을 기울여 추진했던 검찰개혁은 실패로 돌아갔다. 의미 있는 진전이 없었던 것은 아니지만, 문재인 정부의 검찰총장이 대통령이 되었다는 사실 자체만으로도 변명의 여지는 없다. 그동안의 검찰개혁을 무의미하게 만드는 퇴행을 거듭하고 있는 작금의 현실은 참담할 정도다. 하지만 언젠가 다시 한 번 기회는 올 것이다. 실패를 반복하지 않으려면, 어디서부터 잘못되었고 무엇이 꼬였는지 꼼꼼히 파악하는 것이 무엇보다 중요하다. 특히 검찰개혁을 둘러싼 정파적 편견 때문에 숨겨져 있는 사실들을 직시해야 한다. 그동안의 검찰개혁은 분노와 열정의 동력에 힘입어 추진되었지만, 이제는 냉정한 이성의 지혜가 필요한 시점이다. 이 책은 김학의 사건을 통해 검찰과 정치권력이 어떤 관계를 맺는지, 어떤 정치적 이해관계들이 개입되는지 차분하게 보여 주고 있다. 정파적 접근을 지양하고, 사실에 기반하여 문제의 본질에 접근해 보려는 시도가 돋보인다. 스쳐 지나

가기 쉬운 사소한 사실관계의 편린들을 꼼꼼히 챙겨 저자 특유
의 필력으로 재구성해 낸 덕분에 한 편의 드라마를 보듯이 책을
읽을 수 있는 것은 덤이다.

홍성수 숙명여자대학교 법학부 교수,《말이 칼이 될 때》저자

일러두기

1. 인용문의 볼드체는 인용자가 강조한 내용이며, 괄호 안의 말은 독자의 편의를 위하여 인용자가 내용을 덧붙인 것이다.

2. 맞춤법, 띄어쓰기 등은 국립국어원 어문 규범에 따라 표기했으나 필요한 경우 입말을 살렸다.

검찰개혁은 어떻게 보복당했나

1963년, 미국 애리조나주 피닉스에서 멕시코계 미국인 에르네스토 미란다가 18살 소녀를 납치, 강간한 혐의로 체포됐다. 미란다는 경찰서에서 범행 일체를 자백하고 진술서에 서명했다. 두 시간가량의 경찰 심문에서 강압적 수사가 행해진 정황은 전혀 없었다. 하지만 미란다의 국선변호인 앨빈 무어는 체포되는 과정에서 미란다가 불리한 자백을 하지 않을 권리와 변호사의 조력을 받을 권리 등을 명시한 수정헌법 5조의 내용을 통보받지 못한 사실에 주목했다. 무어는 "이런 권리를 통보받지 못한 상태에서 나온 자백은 증거로 채택될 수 없다"며 미란다의 무죄를 주장했다. 무어의 참신한 논리는 1심(징역 30년 선고)과 항소심에서는 받아들여지지 않았다. 그러나 1966년 미국 연방대법원은 치열한 논쟁 끝에 5대 4 간발의 차이로 미란다의 손을 들어 줬다. 피의자의 헌법적 권리가 먼저 보장되지 않는다면 구속 상태에서 확보한 진술을 증거로 사용할 수 없다는 취지였다.[1] 아무리 파렴치한 범죄라도 절차적 정의의 예외가 되어서는 안 된다는 것이다. 국가 형벌권 행사에서 절차적 정의의 중요성을 강조한 이 판결은 미국 연방대법원의 존재감을 빛낸 판례 가운데 하나로 꼽힌다.

2021년 문재인 정권과 '윤석열 검찰'의 충돌 과정에서 불거진 '김학의 불법 출국금지 의혹 사건'은 다음과 같은 이유로 미란다 사건에 비유됐다. 사건의 시작은 이러하다. 건설업자로부터 검찰 고위 간부(김학의 전 법무부 차관)를 위한 성 접대를 수없이 강요받은 여성들이 수사기관에 이들의 처벌을 강력하게 요구했다. 하지만 검찰은 '봐주기 수사'라는 비난을 무릅쓰고 검찰 고위 간부와 건설업자에 대해 두 차례나 무혐의 처분을 내렸다. 여성 인권을 짓밟은 범죄인 데다 검찰의 제 식구 감싸기 행태까지 더해진 탓에 이 사건에 대한 공분은 매우 컸다. 이후 검찰개혁을 기치로 내건 문재인 정권은 김학의 사건을 '검찰 과거사 진상조사 대상 사건(검찰 과거사 사건)'으로 규정하고 재수사를 추진한다.

하지만 김학의의 기습적인 한밤 해외 출국을 막는 과정에서 절차적 흠결이 발생해 적법성 시비가 일었다. 당시 정식으로 입건된 피의자가 아니었던 김학의가 출국을 저지당한 것은 적법하지 않다는 주장이었다. 윤석열 검찰은 이 기회를 놓치지 않고 김학의에 대한 출국금지 조치를 불법으로 몰아 관련자들을 수사한 뒤 재판에 넘겼다. 해외 도피를 막기 위한 것이었더라도 적법 절차를 지켰어야 했다는 논리였다. 이에 언론은 이 사건에 '한국판 미란다 사건'이라는 수식어를 붙였다. 미국의 미란다 사건과 유사하다고 본 것이다.

그러나 '한국판 미란다 사건'이라는 말은 이 사건의 본질을 제대로 설명하지 못한다. 이 사건의 밑바탕에는 대한민국 검찰의 고질적 병폐가 깔려 있다. 검찰이 수사와 기소를 독점하다시피 하는 구조에서 발생한 폐해다. 검찰은 2012년 '긴급출국금지 제도'를 도입한 이래 김학의 사례와 유사하거나, 그보다 더 적법 절차를 지키지 않는 상황에서도 긴급출국금지(긴급출금) 조치를 많이 해 왔다. 정식으로 입건되지 않은 내사 단계에 있는 피내사자는 물론 공소시효가 이미 끝난 사건 관계자에 대해서도 긴급출금 조치를 내렸다. 경찰 수사를 지휘할 때도 마찬가지였다. 경찰이 요청한 긴급출금도 정식 입건 여부를 따지지 않고 승인한 사례가 부지기수다.

그런데도 검찰은 김학의 사례에서 마치 새로운 범죄라도 발견한 듯 호들갑을 떨며 긴급출금에 관여한 이들을 기소했다. 그뿐만이 아니다. 김학의 긴급출금에 관련된 이들 가운데는 검찰 고위 간부들도 있었는데 이들은 기소 대상에서 쏙 뺐다. 그들 중에는 김학의의 해외 도피를 막아 낸 것을 오롯이 자신의 공로인 양 자랑했던 이가 있었는데도 검찰은 그를 제대로 수사하지 않았다. 명백한 '선택적 기소'였다.

더욱 본질적인 문제는 이 수사의 성격이 '검찰개혁에 대한 보복'이었다는 사실이다. 문재인 정권의 검찰개혁에 저항해 온 검찰은 정권이 레임덕에 빠지자, 검찰개혁을 추진했던 '친문' 인사들을 겨냥한 수사에 착수했다. 검찰이 '김학의 불법출금 의혹'이라고 이름붙인 이 수사가 대표적인데, 기소된 피고인들(차규근 전 법무부 출입국관리본부장과 이규원 전 검사, 그리고 이들과 함께 공범으로 기소된 이광철 전 청와대 민정비서관)을 살펴보면 그 성격이 잘 드러난다. 이광철은 형식적으로는 조력자 역할의 공범이지만, 내용상으로는 이 사건의 핵심 피고인이다. 민주사회를위한변호사모임(민변) 사무처장을 지낸 그는 문재인 정권 출범과 동시에 청와대에 들어가 조국 민정수석과 함께 검찰개혁을 추진했다. 조국이 자기 가족에 대한 대대적인 수사로 낙마한 이후에도 그는 2021년 7월 검찰의 공소제기로 청와대를 떠나기 전까지 검찰개혁의 고삐가 느슨해지지 않도록 고군분투했다. 문재인 정권의 검찰개혁에 반발한 '윤석열 사단'이 그를 '반드시 손봐야 할 사람' 리스트에 올릴 정도였다. 검찰은 이광철이 사실상 '주범'의 역할을 했다고 봤다. 김학의 사건을 검찰개혁의 불쏘시개로 활용하려는 '기획 사정'의 설계자로 본 것이다. 함께 기소된 이규원, 차규근은 이광철의 지시를 충실하게 따른 '종범'이라는 게 검찰의 관점이었다.

현직 검사 신분인 이규원도 이미 윤석열 사단에 미운털이 단단히 박힌 인물이었다. 그는 윤석열 대통령의 역린을 건드린 전력이 있다. 2018~2019년 대검찰청 과거사진상조사단에 파견된 그는 김학의 성 접대 의혹을 조사할 당시 윤중천 면담 보고서를 허위로 작성했다는 의심을 받았다. 건설업자 윤중천이 '2006~2008년 무렵에 윤석열 검사도 (원주) 별장에 다녀간 적이 있다'는 취지의 진술을 했다는 면담보고서였다. 윤석열 사단은 이 보고서가 윤석열을 음해하려는 불순한 의도로 작성됐다고 봤다. 검찰은 이규원을 허위 공문서 작성 등의 혐의로 별도로 기소했다. 이규원은 이광철과 사법연수원 동기(36기)로, 변호사 시절에 같은 법무법인에서 일한 인연이 있다. 검찰은 이를 이광철과 이규원의 '공모 관계'를 입증하는 단서로 삼았다. 둘이 의기투합해 김학의 사건을 검찰개혁의 미끼로 활용했다는 것이었다.

검찰의 타깃은 이들에 그치지 않았다. 이 사건과 뿌리가 같은 사건이 '김학의 불법출금 수사 무마 외압'* 의혹에 대한 수사였는데, 이성윤 당시 대검 반부패·강력부장이 외압의 당사자로 지목돼 기소됐다. 문재인의 대학 후배였던 이성윤은 문재인 정권에서 법무부 검찰국장, 서울중앙지검장 등의 요직을 거쳤고 문재인 정권의 마지막 검찰총장이 될 것이라는 말을 들을 정도로 실세였다.

문재인 정권의 검찰개혁을 진두지휘했던 조국은 검찰의 궁극적 목표였다. 이 사건의 공소장에는 조국을 피고인들과 엮으려고 애쓴 흔적이 곳곳에 드러나 있다. 김학의 긴급출금 과정에서

---

* 김학의 긴급출금 과정에서 발생한 불법 행위를 수사하겠다고 나선 수원지방검찰청 안양지청에 당시 대검 반부패부장이었던 이성윤이 수사를 하지 못하도록 압력을 행사했다는 의혹이다. 검찰은 '김학의 불법출금 의혹' 관련 수사를 진행하는 과정에서 이성윤을 기소했으나 1, 2심 모두 무죄가 선고됐다.

단순히 연락병 구실을 한 이광철을 마치 주범처럼 기소한 것도 그의 상관 조국을 겨냥한 것으로 보인다. 검찰은 마치 검찰개혁을 추진한 대가가 어떤 것인지 보여 주려는 듯 검찰개혁에 관여한 이들을 괴롭히고 있다.

김학의 사건의 원죄는 검찰에 있다. 검찰은 앞서 박근혜 정권 때 두 차례나 김학의를 봐준 적이 있었다. 윤중천의 성 접대는 검찰 고위 간부에게 정기적으로 제공한 뇌물 성격이 강했다. 따라서 이 사건은 본질적으로 '뇌물수수 사건'으로 봐야 했다. 하지만 검찰은 '성폭력 사건'으로 축소하려고 애썼다. 그렇게 해야 김학의를 쉽게 봐줄 수 있었기 때문이다. 성폭력 사건을 뭉개는 효과적인 방법은 피해자의 진술을 신빙성이 없는 것으로 몰아가는 것이다. 검찰은 피해 여성들의 진술이 '일반적인 성폭력 피해자와 다르다'는 이유를 들어 김학의와 윤중천을 무혐의 처분했다. 검찰은 이 사건이 뇌물수수 사건으로 확산하는 것을 차단했다. 경찰이 신청한 압수수색, 계좌추적, 통신조회 영장을 모두 기각했다. 이들에 대한 체포 영장과 출국금지 신청에도 죄다 퇴짜를 놨다. 김학의가 뇌물수수 혐의로 기소되지 않도록 경찰의 강제 수사를 사실상 원천봉쇄했다. '수사 지휘'를 가장한 '수사 방해'였던 셈이다.

애초 검찰은 문재인 정권이 김학의 사건의 재수사를 추진하자 이를 마지못해 수용했었다. 검찰개혁을 갈망하는 여론을 거스를 수 없었기 때문이다. 하지만 뒤늦은 기소는 공소시효의 벽에 막혀 무위로 끝났다. 김학의의 성폭행 혐의는 재판에 넘기지도 못했다. 뒤늦게 기소한 뇌물수수 혐의에도 석연찮은 이유로 무죄가 선고됐다.* 검찰은 1심 무죄 판결이 나오자마자 반격에 나섰다. 문무일에 이어 검찰총장이 된 윤석열은 2021년 1월 김학의 불법출금 의혹 사건을 자신의 측근 그룹인 '윤석열 사단' 소속 이정섭 부장검사에게 재배당했다.[2] 검찰총장이 다른 검사들은 못 미더운지 자신의 측근을 콕 찍어 배당한 것이다.

검찰은 김학의의 해외 도피를 막은 행위를 '희대의 권력 남용'과 '민간인 사찰'로 둔갑시켰다. 그 과정은 역대 검찰권 남용 사례 가운데서도 단연 압권이라 할 만하다. 사소한 절차적 흠결을 침소봉대해 대대적인 압수수색과 소환조사를 벌이며 관련자들을 범죄자로 몰았기 때문이다. 하이라이트는 공익신고제도를 악용한 것이다. 현직 부장검사가 수사를 통해 확보한 자료를 공익 신고의 형식을 빌려 야당(국민의힘) 의원에게 전달했다. 공익성이 약한 고발을 정치적 이슈로 만들려는 꼼수였다. 검찰은 이 공익 신

---

* 김학의는 2019년 기소된 뒤 1심에서 공소시효 만료 등으로 면소 및 무죄 판결을 받았지만 2심에서는 징역형을 선고받아 법정구속됐다. 사업가 최 아무개 씨에게 받았다는 4300여만 원을 법원이 뇌물로 인정했기 때문이다. 그러나 2021년 6월 대법원 3부(주심 이흥구 대법관)는 항소심 재판에서 증인신문 전에 최 씨에 대한 검찰의 '사전 면담'이 있었다며, 진술 신빙성에 문제가 있으니 다시 심리해야 한다고 판단했다. 최 씨에 대한 검찰의 회유 및 압박 가능성이 있다고 본 것이다. 파기환송심은 이 법리에 따라 김학의에게 무죄를 선고했고, 대법원 2부(주심 천대엽 대법관)는 2022년 8월 검사의 재상고를 기각하며 파기환송심을 확정했다. 자세한 내용은 다음 기사를 참고하라. 〈김학의 9년 만에 무죄 만들어 준 결정적 장면 5가지〉, 《한겨레》, 2022년 8월 14일.

고를 넘겨받아 수사하는 형식을 갖췄다. 검찰이 직접 수사에 나서면 '보복 수사' 논란에 휘말릴 가능성이 컸기 때문에 이를 피하려는 의도였다.

검찰은 수사 과정에서 대검 수뇌부가 긴급출금을 허가한 정황이 드러났는데도 이들에게는 압수수색 등의 강제수사를 하지 않았다. 그뿐 아니다. 피고인들이 전수조사를 통해 김학의 사례보다 더 무리하게 진행된 긴급출금 조치 사례들을 찾아 제시했지만, 검찰은 이를 거들떠보지도 않았다. 무엇보다 수사 당시 검찰은 김학의를 긴급출금한 지 6일 만에 문무일 (당시) 검찰총장의 지시로 특별수사단을 만들어 재수사에 착수한 바 있었다. 이는 검찰이 김학의를 사실상 '피의자'로 간주했다는 명백한 증거였다. 그러나 윤석열 총장 체제의 검찰은 '6일의 시차'를 트집 잡아 그 전까지는 김학의가 '무고한 시민'이었다고 생떼를 썼다. 급기야 이 사건의 수사부터 재판까지를 전담한 이정섭 검사는 검찰 논고* 에서 "이 사건을 미란다 사건에 비유하는 것에 동의하지 않는다"고 당당하게 말했다. 미란다는 파렴치범이 맞지만, 김학의는 그렇지 않다는 인식이 깔린 주장이었다. 이 당당함은 반성과 성찰의 DNA가 없는 검찰의 현주소를 드러낸다.

언론이 이 사건을 미란다 사건에 비유한 것은 '검찰 받아쓰기'

---

*   형사 재판에서 결심공판 때 검사가 피고의 범죄 사실과 그에 대한 법률 적용에 관한 의견을 진술하는 것을 말한다.

에 익숙한 관행과 무관하지 않다. 검찰 출입 기자들은 검찰 취재원이 제공한 프레임에 한번 갇히게 되면 디테일을 따지고 들어가는 집요함을 잃어버리는 경향이 있다. 검찰 취재원에 대한 의존도가 그만큼 높기 때문이다. 검찰은 기자가 취재하기 어려운 정보를 법률적 해석까지 곁들여 언론에 맞춤형으로 제공한다. 기자가 여기에 길들면 그 너머에 있는 검찰의 의도를 읽지 못한다. 이 사건의 '공익 신고자'는 이 사건을 문재인 정권의 '내로남불' 행태 가운데 하나로 보이도록 짜맞추었다. 검찰개혁을 추진하는 문재인 정권이 오히려 인권 침해를 서슴지 않는다는 인식을 퍼뜨리려는 의도였다. 그래야 검찰이 마음 놓고 보복 수사에 나설 수 있다고 본 것이다. 검찰은 먼지털이식 수사와 저인망식 기소[*]로 이광철 등을 압박했다. 마치 이들의 "인생을 결딴내려는"^{**} 듯했다.

---

* 검찰이 이광철, 이규원, 차규근에게 적용한 혐의는 직권남용에서부터 변작공전자기록 행사까지 무려 열 가지에 이른다. 이규원이 일곱 개로 가장 많고, 차규근은 여섯 개, 이광철은 한 개였다. 이런 방식의 기소는 여론을 오도하려는 목적이 있다. 핵심 혐의가 무죄가 나더라도 다른 사소한 것 중 하나가 유죄가 인정되면 피고인이 뭔가 잘못한 게 있는 것처럼 대중에게 인식될 것을 노린 것이다.

** "기소되면 인생이 결딴난다"라는 발언은 2021년 11월 25일 윤석열 당시 대선후보가 대학생들이 참여한 행사에서 한 말이다. 그는 다음과 같이 말했다. "여러분이 만약 기소를 당해 법정에서 상당히 법률적으로 숙련된 검사를 만나서 몇 년 동안 재판을 받고 결국 대법원에 가서 무죄를 받았다고 하더라도 **여러분의 인생이 결딴난다.** 판사가 마지막에 무죄를 선고해서 여러분이 자유로워지는 게 아니다. 여러분은 법을 모르고 살아왔는데 형사법에 엄청나게 숙련된 검사와 법정에서 마주쳐야 된다는 것 자체가 하나의 재앙이다. 검찰의 기소라는 게 굉장히 무서운 것이다. 그래서 함부로 기소하지 않는 것, 기소해야 될 사안을 봐주지 않는 것은 정말 중요하다."

언론은 검찰의 이러한 의도를 간파하지 못했다. 언론이 긴급출금 제도가 도입된 배경과 검찰의 과거 운용 사례를 조금만 취재했다면 검찰의 기소가 얼마나 부당한지 금방 알 수 있었을 것이다.

뒤집힌 사법 정의

미국 연방대법원 판결 뒤 애리조나 검찰은 미란다의 자백에 근거하지 않고 증인들의 증언과 기타 증거물을 토대로 1967년 다시 미란다를 재판에 넘겨 유죄 판결을 받아냈다. 결과적으로 '사법 정의'가 실현된 셈이었다. 미란다는 징역 30년형을 선고받고 복역하다가 1972년 가석방됐다. 그는 미란다 경고문이 적힌 카드에 자신의 사인을 넣어 팔아 얼마간 돈을 벌기도 했다. 그러나 1975년, 술집에서 다른 취객과 사소한 문제로 말다툼을 벌이다 칼에 찔려 숨졌다. 미국 연방대법원의 기념비적 판례를 낳은 사건의 당사자는 이처럼 허무하게 죽고 말았다.

김학의 사건은 사법 정의와 거리가 먼 양상으로 전개됐다. 이광철, 이규원, 차규근은 1심에서 무죄 판결을 받았지만* 검찰은

---

* 2023년 2월 15일 서울중앙지법 형사합의27부(재판장 김옥곤)는 이광철과 차규근에게 "김학의 긴급출금은 직권남용이 아니다"라며 전부 무죄를 선고했다. 자격모용공문서작성 행사 혐의에서만 이규원의 유죄를 인정했으나 그마저도 사실상 무죄인 선고유예(4개월)를 판결했다.

곧바로 항소했다. 1심 판결을 도저히 수긍할 수 없다는 검찰의 격앙된 반응은 이광철 등이 피고인 신분을 벗어나기까지 상당한 시간이 걸릴 것을 암시하는 한편, 김학의는 검찰의 어설픈 기소에 따른 무죄 판결을 끝으로 사법 리스크에서 완전히 해방됐다. 그러는 동안 성 접대에 동원된 피해자들은 여전히 트라우마에 시달리고 있다. 가해자와 피해자, 심판자의 처지가 모두 뒤바뀌었다.

만약 당시 김학의의 기습적인 출국을 막지 못했다면 검찰은 큰 위기에 빠졌을 것이다. 검찰이 '김학의 사건' 재수사를 머뭇거리는 상황에서 그가 해외 도피까지 성공했다면, 검찰총장을 비롯한 검찰 수뇌부는 여론의 거센 비난 속에 불명예 퇴진을 할 수밖에 없었을 것이다. 검찰 조직은 더 이상 국민의 신뢰를 바랄 수 없는 처지가 됐을지 모른다. 이런 맥락에서 "김학의 출국을 막아 낸 이규원 검사가 검찰을 살렸다"*라는 당시 윤대진 검찰국장의 말은 결코 빈말이 아니었다. 그런데도 검찰은 이규원을 '조직의 배신자'로 몰아 처벌하려고 애쓰고 있다.**

---

* 이현철 당시 안양지청장이 '김학의 불법출금 수사 외압' 혐의로 기소된 이성윤의 1심 공판에 증인으로 출석해서 한 진술이다. 이현철은 사법연수원 동기인 윤대진이 "검찰이 엄청 욕을 먹을 뻔했는데 이규원 검사가 대응을 잘해 검찰이 살았다. 동부지검장도 오케이 했다. 그런데 왜 문제가 되냐"고 전화했고, 며칠 뒤 다시 한 차례 더 전화를 걸어 "장관이 화를 엄청 내서 내가 막았다", "차라리 나를 입건하라"고까지 말했다고 진술했다.

** 이규원 검사는 윤중천 면담보고서에 '윤석열' 이름을 적어 넣었다는 이유로 허위 면담보고서 작성 혐의로 기소돼 별도로 재판을 받고 있다.

김학의 사건은 검찰이 더는 공익의 대표자*가 아님을 선언한 사건이라 해도 과언이 아니다. 검찰은 이 사건에서 국민을 위해 써야 할 검찰권을 검찰 조직을 위해 사용했다. 과거의 잘못을 반성하라는 국민의 요구를 외면하고, 자신들의 과거를 캐묻는 작업을 방해하고 응징하려고 했다. 검찰은 앞서 노무현 정권이 추진한 권력기관의 과거사 정리 작업에도 참여하지 않았다. 과거 군사독재정권 시절 '고문·조작을 일삼은 수사는 경찰과 중앙정보부가 다했고, 검찰은 기소만 했다'는 이유를 들어 발뺌했다. 하지만 검찰은 수사기관의 불법 행위를 알면서도 이를 무시하거나 혹은 동조하면서 공소를 제기하고, 재판에 참여해 유죄판결이 나도록 최선을 다했다. 검찰은 이러한 역사적 사실까지 부인하면서 스스로 무오류 집단인 것처럼 행동한다.

이 사건은 현재진행형이다. 고등법원(항소심)과 대법원 재판이 아직 남아 있다. 피고인의 반격도 시작됐다. 차규근은 지난 2013년과 2014년 검찰의 1·2차 수사 당시 김학의를 봐준 검사들을 2023년 7월 고위공직자범죄수사처(공수처)에 고발했다. 이들에게 적용된 혐의는 '특수직무유기'(특정범죄가중처벌법 제15조)로, 검사나 수사관이 특정범죄가중처벌법(특가법)이 적용되는 범죄를 저지른 사람을 인지하고도 그 직무를 유기한 경우에 해당

---

* "공익의 대표자"는 검사 선서에 나오는 표현이다. 검사들이 임용 때 하는 '검사 선서'는 2008년 이명박 정부 때 도입됐다.

한다.

검찰은 2019년 6월 법무부 검찰과거사위원회(검찰과거사위)의 권고로 김학의를 재수사해 건설업자 윤중천에게 뇌물을 받은 혐의로 기소했다(성폭력 혐의는 공소시효를 이유로 뺐다). 검찰은 윤중천이 김학의에게 건넨 뇌물의 액수가 1억 3000만 원 이상이라는 사실을 밝혀냈다. ① 성 접대 피해 여성이 윤중천에게 갚아야 할 빚 가운데 1억 원이 면제된 사실(제3자 뇌물수수) ② 3100만 원 상당의 그림, 옷, 현금 등 수수 ③ 2006~2007년 사이에 행해진 '액수를 산정할 수 없는' 성 접대 13차례 등을 반영한 수치였다. 뇌물 액수가 3000만 원 이상이면 특가법에 해당하기 때문에, 검찰은 김학의에게 특가법을 적용했다.

앞서 1·2차 수사 때 이런 혐의들을 눈감고 무혐의 처분한 당시 수사 검사들 역시 특수직무유기죄 적용 대상이 된다. 이를 두고 검사들은 '재수사를 통해 기소된 김학의에게 결국 무죄가 선고되지 않았느냐'고 항변할지 모른다. 하지만 함께 기소된 윤중천은 유죄(알선수재)가 확정됐으므로 김학의 건을 제외하더라도 검사들의 '직무 유기' 책임은 그대로 남는다. 알선수재도 뇌물수수와 마찬가지로 특수직무유기죄 적용 대상이기 때문이다.

2019년 6월 문무일 당시 검찰총장은 "김학의 사건 자체도 부끄럽지만, 과거 검찰의 두 차례 수사에서 왜 이걸 밝혀내지 못했는지가 더 부끄럽다. (당시 수사팀이) 검사로서 책임을 다하지 못한 것"이라고 말한 바 있다. 검찰총장으로서 1·2차 수사 검사들의 '직무 유기'를 확실하게 인정한 것이다. 그러나 문무일은 당시 검찰과거사위가 수사 검사들을 직무 유기 혐의로 수사할 것을 권고한 것에 대해선 "법률상 문책 시효가 지났다. 밝힐 수 있는 것을 못 밝히고 이제 와서 시효가 지났다고 말할 수밖에 없어 부끄럽다"는 말로 빠져나갔다. 1차 수사 종료 시점(2013년 11월 11일)을 기준으로 검사 징계 시효(3년)와 일반 직무 유기 공소 시효(5년)가 모두 만료된 걸 근거로 이렇게 말한 것으로 보인다. 하지만 특수직무유기죄의 공소 시효는 10년이라서 2019년 당시에는 공소 시효가 무려 4년이나 남아 있었다.

그러나 공수처는 차규근이 '김학의 무혐의' 수사 검사들을 특수직무유기죄로 고발한 사건에 대해 2023년 11월 8일 공소시효 만료를 이틀 앞두고 당시 수사 검사들을 불기소처분했다. 공수처가 밝힌 불기소처분 사유는 궁색하다. '스폰서'인 윤중천이 김학의에게 뇌물을 준 것을 부인하는 바람에 검사들이 김학의의 특가법상 뇌물 혐의를 인지할 수 없었다는 것이다. 하지만 피의자가 공범의 혐의를 부인하는 건 수사에서 흔한 일이다. 자신의 죄가 더 무거워지는데 누가 흔쾌히 공범의 혐의를 진술하겠는가. 이런 경우를 대비해 검사에게 압수수색과 같은 강제수사 권한을 준 것인데, 검찰은 김학의의 휴대전화 압수수색은 물론 계좌추적도 하지 않았다. 전형적인 '제 식구 감싸기' 행태였다. 이를 견제하라고 만든 공수처는 검찰의 해명을 그대로 받아들여 스스로의 존재 이유를 부정하고 말았다.

차규근은 곧바로 법원에 재정신청*을 냈다. 그는 "검찰의 기소권 남용과 제 식구 감싸기에 대한 책임을 끝까지 묻겠다"라고 언론 인터뷰에서 밝혔다. 한국의 사법 제도는 그의 바람에 어떻게 호응할까. 마침내 범죄 행위에 대한 대가를 치른 미란다처럼 김학의 사건에서도 '사법 정의'가 구현될 수 있을까.

---

* 재정신청은 고소인이나 고발인이 검사의 불기소처분에 불복해 법원에 공소제기 여부를 재판으로 결정해 줄 것을 신청하는 제도다. 이때 법원이 공소제기 결정을 하면 검사는 이를 따라야 한다. 단, 고소인은 모든 범죄에 대해 재정신청을 할 수 있지만, 고발인은 공무원의 직권남용이나 특별법에서 재정신청 대상으로 정한 죄에 대해서만 재정신청이 가능하다.

1.

과
거
를
묻
다

출국을 막아라

2019년 3월 22일 밤, 인천국제공항 출국장에 수상한 차림의 중년 남성이 나타났다. 한밤중인데도 검은색 선글라스에 흰색 골프 모자를 쓴 채 파란색 골프점퍼를 입고, 두툼한 목도리까지 두른 차림이었다. 짙은 자주색 목도리는 입까지 올라와 있었다. 아침부터 꽃샘추위가 기승을 부린 날이긴 했지만, 입까지 가려야 할 정도의 추위는 아니었다. 그도 딱히 추위를 타는 것 같지는 않았다. 그보다는 누군가 자신을 알아봐 곤란해지는 상황을 피하려는 것처럼 보였다. 자신과 비슷한 차림을 한 남성까지 데리고 나타나 한 편의 첩보 영화를 보는 느낌마저 들게 했다.

예사롭지 않은 차림의 이 남성은 김학의 전 법무부 차관이었다. 그는 당시 문재인 정권이 검찰개혁 차원에서 추진한 '검찰

과거사 사건의 진상규명을 위한 조사' 대상 1순위에 올라 있었다. 김학의는 6년 전인 2013년 3월, 갓 출범한 박근혜 정권에서 초대 검찰총장 후보로 유력하게 거론됐던 인물이다. 검찰총장 후보를 대통령에게 추천하는 검찰총장후보추천위원회가 최종 후보 명단에서 그를 제외하는 바람에 법무부 차관으로 밀려났지만, 박근혜 정권에서 언젠가는 검찰총장이 될 것이라는 말을 듣는 이였다. 박근혜 당시 대통령과 남다른 인연이 있었기 때문이다. 김학의의 아버지는 군 복무 당시 박정희 전 대통령의 부관을 지냈다. 박정희는 월남전에 참전해 무공훈장을 받은 김학의의 아버지를 각별히 아꼈다고 한다. 이런 인연이 자녀 세대까지 이어진 것이다.

하지만 김학의는 차관으로 임명된 지 일주일도 안 돼 스스로 자리에서 물러나야 했다. '스폰서 관계'에 있던 건축업자 윤중천에게 성 접대를 받은 의혹이 불거진 탓이다. 그는 그해와 이듬해 두 차례나 성폭행 혐의로 검찰 수사를 받았지만 모두 무혐의 처분을 받았다. 그 후 세상 사람들의 관심에서 벗어나 있던 그는 문재인 정권의 '검찰 과거사 사건 진상규명 조사' 작업으로 다시 세상에 소환됐다.

김학의는 2019년 3월 22일 밤 10시 48분 인천공항 무인 출국 심사대를 통과했다. 그의 손에는 다음 날(23일) 오전 0시 20분에 출발하는 타이 방콕행 항공권이 들려 있었다. 90여 분만 지나면 비행기에 몸을 싣게 될 터였다. 하지만 그는 비행기 이륙 시간을 10분쯤 앞두고 109번 탑승 게이트 앞에서 법무부 출입국본부 직원들에 의해 출국을 제지당했다. 왜 출국을 막느냐고 따지는 김학의에게 그들은 "출국금지가 돼 있다"고 답했다. 김학의는 멍한 표정으로 직원들을 쳐다봤다. 그날 아침까지만 해도 몇몇 언론사는 김학의에 대해 출국금지 조치가 되어 있지 않아 그가 도주할 우려가 있다는 기사를 내보냈다. 그런데 갑자기 출국금지가 됐다고 하니, 김학의로선 충격을 받을 만했다.

김학의는 출국을 막는 법적 근거가 뭐냐고 따졌다. 그때 상급자로 보이는 출입국본부 직원이 그에게 '긴급출국금지' 조치가 적용됐다고 알려 줬다. '긴급출국금지'는 검사 생활을 30년 가까이 한 김학의도 처음 듣는 말이었다. 김학의와 직원들 간 실랑이가 벌어진 사이 그가 예약한 방콕행 타이에어아시아엑스 703편 항공기가 인천국제공항을 이륙했다. 김학의는 하는 수 없이 집으로 발길을 돌려야 했다. 출국 시도 사실을 용케 알고 모여든 방송사 기자들이 그에게 따라붙었다. 김학의는 서둘러 인천공항을 빠져나갔다.

착각인가 허위 보고인가

같은 시각 차규근 법무부 출입국외국인정책본부장[*]은 김학의의 해외 출국이 제지됐다는 소식을 듣고 가슴을 쓸어내렸다. 만약 그의 출국을 막지 못했다면 한바탕 난리가 났을 게 분명했다. 그보다 하루 전인 2019년 3월 18일 문재인 대통령은 박상기 법무부 장관을 청와대로 불러 검찰 과거사 진상조사 대상 가운데 '김학의 성 접대 의혹'과 '장자연 리스트 의혹,'[**] '클럽 버닝썬 의혹,'[***]을 콕 찍어 철저히 조사하라고 지시했다. 대통령의 지시는

[*] 차규근은 2006년 6월 노무현 정권이 추진한 법무부 탈검찰화로 민간에 개방된 출입국관리국 국적난민과장에 '탈검찰 1호'로 임명됐다. 이후 이명박 정권 때인 2011년까지 개방직 근무기간 상한(5년)을 꽉 채운 뒤 퇴직했다. 2010년과 2011년 법무부장관상 등을 받을 정도로 난민 및 외국인 인력 정책에서의 전문성을 인정받았고, 2017년 9월 문재인 정권 출범 후 법무부 출입국외국인정책본부장에 임명됐다.

[**] 2009년 3월 7일에 숨진 영화배우 장자연 씨가 남긴 문건을 통해 제기된 권력형 성폭력 의혹 사건이다. 이른바 '장자연 리스트'라 불린 문건 내용이 알려지면서 경찰이 수사에 나섰다. 그러나 2009년 8월 19일 검찰은 술 접대 강요 혐의를 받은 피의자들을 증거불충분 등의 이유로 모두 무혐의 처리하고 장 씨 소속사의 전 대표와 전 매니저 두 명만을 기소했다. 2018년 검찰과거사위원회 출범을 계기로 이 사건에 대한 재수사 여론이 커졌고, 이를 요청하는 청와대 청원에 20만 명이 넘게 서명하면서 2018년 5월 3일 대검찰청 검찰과거사진상조사단이 조사를 시작했다. 그러나 2019년 5월 20일 검찰과거사위원회는 공소시효 만료와 증거 부족을 이유로 '재수사 불가' 결론을 내린다.

[***] 2018년 11월 24일 그룹 빅뱅의 멤버인 승리가 실소유주로 알려진 클럽 버닝썬에서 발생한 폭행 사건을 계기로 불거진 연예계 대형 범죄 사건이다. 경찰이 폭행 피해자를 오히려 가해자로 몰아 체포하면서 경찰 유착을 비롯한 각종 의혹이 제기됐다. 특히 승리의 성매매 알선 및 성 접대 의혹과 그와 절친한 관계이던 탤런트 정준영의 불법 촬영 동영상 공유 사건이 터지면서 연예인 일곱 명이 동시에 퇴출당했다. 청와대 파견 경력이 있는 윤 아무개 총경이 승리의 뒤를 봐주는 인물로 지목돼 청와대 비호 의혹까지 제기됐다.

곧 이 사건들에 대한 정식 수사가 이뤄질 것을 암시했다.

박상기는 다음 날 김부겸 행정안전부 장관과 함께 긴급 기자 회견을 열어, 김학의 사건과 장자연 사건 등의 조사를 위해 검찰 과거사위원회의 활동 기간을 연장하고, 철저한 조사를 통해 밝혀진 범죄사실은 수사로 전환하겠다고 발표했다. 이런 상황에서 대통령의 지시 이후 나흘 만에 핵심 피의자인 김학의가 해외로 도피해 버린다면 대통령의 체면이 말이 아니게 되고, 법무부 장관은 물론 검찰총장까지 무사하지 못할 게 분명했다.

차규근은 김학의가 인천공항 무인 출국심사대를 통과하고 10분이 지난 뒤 그가 출국을 시도한다는 사실을 보고받았다. 그는 곧바로 김오수 법무부 차관에게 전화를 걸어 이 사실을 전하며 김학의의 출국을 막겠다고 보고했다. 차규근은 이어 이용구 법무실장에게 전화를 걸었다. 판사 출신인 이용구는 검찰과거사위원회의 당연직 간사를 맡고 있었다. 차규근이 이용구에게 전화를 건 것은 일종의 '컨틴전시 플랜'에 따른 것이었다.

그날로부터 이틀 전인 2019년 3월 20일 박상기 장관은 예정에 없던 법무부 실국장 회의를 소집했다. 대통령의 '김학의·장자연·버닝썬에 대한 철저한 조사' 지시에 따라 김학의의 해외 출국 우려가 제기되자 그 대책을 마련하려는 회의였다. 이 자리에서 차규근은 '법무부 장관이 직권으로 출국금지를 한 선례는 없다'고 보고했다. 출국금지는 보통 수사기관이 먼저 요청하지만, 법무부 장관이 직권으로도 할 수 있다.* 이를 잘 알고 있는 김오수 차관이 '법에는 장관이 직권으로 출국금지를 할 수 있게 돼 있는데 무슨 소리냐'고 따져 묻자, 차규근은 '만약 장관이 직권으로 출국금지를 하게 되면 앞으로 비슷한 사건에서 피의자가 출국할 경우 장관이 책임을 져야 하는 부담이 생긴다'고 답했다. 법에 규정돼 있다고 해서 함부로 권한을 행사한다면 그에 대한 책임을 져야 하는 일이 생길 수 있다는 말이었다. 차규근의 설명이 끝나자 잠시 침묵이 흘렀다. 듣고 보니 그럴듯했기 때문이다. 그때 이용구가 침묵을 깨고 아이디어를 하나 냈다. 검찰과거사진상조사단 소속 검사가 장관에게 출국금지를 요청하는 방안이었다. 검찰과거사진상조사단은 법무부의 검찰과거사위원회가 조사를 요청한 사건을 직접 조사하기 위해 만들어진 기구다. 게다가 검사는 그 자체가 수사기관이기 때문에 출국금지를 요청할 수 있다.

하지만 차규근의 보고 내용은 사실이 아니었다. 법무부 장관이 직권으로 출국금지를 한 사례는 이전에도 있었다. 박근혜 정

---

* 출입국관리법 4조에는 "법무부 장관은 범죄 수사를 위해 출국이 적당하지 않다고 인정되는 사람에 대해 1개월 이내의 기간을 정해 출국을 금지할 수 있다"고 돼 있다.

권이 채동욱 검찰총장을 쫓아내는 구실로 삼은 '혼외자 사건'*
수사 당시 황교안 법무부 장관은 채 총장의 내연녀를 직권으로
출국금지했다. 채 총장에 대한 감찰을 위해 내연녀를 참고인으
로 조사할 필요가 있다는 이유에서였다. 수사가 아닌 감찰을 목
적으로, 그것도 감찰 대상자가 아닌 참고인의 출국을 막은 것은
전례가 없는 일이었다. 이처럼 예외적인 사건은 출입국본부 실
무자들이 기억하고 있을 법도 한데, 어찌 된 일인지 차규근은 이
런 내용을 전혀 보고받지 못했다. 결국, 차규근은 나중에 이를
제대로 확인하지 못한 대가를 톡톡히 치르게 된다.

"대검의 허락을 받아 달라"

차규근의 전화를 받은 이용구는 곧바로 윤대진 법무부 검찰국
장에게 전화를 걸었다.[1] 앞서 법무부 국실장 회의 때 자신이 냈
던 아이디어, 즉 검찰과거사진상조사단 소속 검사가 출금을 요

---

* 2013년 9월 《조선일보》가 채동욱 당시 검찰총장의 혼외자 의혹을 보도하면서 불거
진 사건이다. 황교안 당시 법무부 장관이 감찰 지시를 내리자 채 총장은 취임 160일
만에 스스로 사표를 냈다. 이를 두고 야당은 '채동욱 찍어내기'라고 비난했다. 혼외자
의혹 제기와 법무부 감찰이 이뤄진 시기가 검찰의 '국정원 댓글 사건' 수사팀에서 원
세훈 전 국정원장을 공직선거법 위반 혐의로 구속하려던 무렵이었기 때문이다. 수사
의 외풍을 막아주던 채 총장을 내쫓기 위해 청와대와 국정원이 모종의 작업을 했다는
의혹이 제기됐다.

청하는 방안을 실행하기 위해서였다. 이용구가 윤대진을 찾은 이유는 그가 검찰국장이었기 때문이다. 검찰국장은 법무부와 검찰, 그리고 청와대 민정수석실 사이에서 가교 역할을 하는 자리다. 검찰국장은 검찰 인사의 실무 책임자이기 때문에 청와대 민정수석실, 대검찰청과 자주 소통한다. 그래서 자연스럽게 다른 사안에 대해서도 세 기관의 소통 창구 구실을 한다. 이용구는 윤대진과 같은 대학(서울대학교 법과대학) 동기로 평소 잘 아는 사이였다.

이용구의 전화를 받은 윤대진은 곧바로 조국 민정수석에게 전화를 걸었다. 윤대진은 대학 선배인 조국과도 친분이 있었다. 그는 조국에게 다음과 같이 보고했다. '김학의 전 차관이 출국 시도를 하려다가 공항에서 제지되었다고 한다. 법무부 차원에서 출국금지를 하기로 했다. 그런데 검찰과거사진상조사단 소속 검사의 출국금지 신청이 필요하다고 한다. 빨리 이광철 선임 행정관에게 연락해 달라.' 윤대진이 이광철에게 연락해 달라고한 것은, 그가 조사단에 파견된 이규원 검사와 친분이 있었기 때문이었다.

윤대진과 통화를 끝낸 조국은 민정수석실 직제상 하급자인 이광철에게 전화로 자초지종을 설명한 뒤, '빨리 조사단 소속 검사에게 이 내용을 전달하고 즉시 출금이 이뤄지도록 하라'고 지시했다. 이광철은 먼저 차규근에게 전화를 걸어 이규원의 휴대전화 연락처를 알려 주면서 '조사단에 파견 나가 있는 검사인데, 차 본부장께 연락하도록 할 테니 잘 협의하시라'고 전했다. 그러고는 곧바로 이규원에게 전화를 걸어 '법무부 쪽과 다 얘기가 돼 있으니 김학의에 대한 출국금지를 법무부에 요청해 달라'고 했다. 이광철은 한시가 급한 상황이니 서둘러 달라는 부탁까지 했다.

그런데, 이규원의 반응은 다소 뜻밖이었다. 그는 '나는 검찰청 소속 공무원이라서 법무부에서 허락했다 하더라도 대검이 승인을 해 줘야 출국금지 요청서를 보낼 수 있다'고 담담하게 말한 것이다. 그러고는 이광철에게 대검의 재가를 받아 달라고 요구했다. 마음이 급한 이광철로서는 답답했지만, 이규원 말고는 출금 요청을 할 만한 검사가 없었기 때문에 그의 말대로 하지 않을 수 없었다. 이광철은 "대검은 내가 따로 확인한 후 알려 주겠다"라고 말한 뒤 전화를 끊었다.

검사가 출국금지를 요청할 때 일일이 대검의 승인을 받지는 않는다. 소속 지방검찰청장의 결재를 받아 법무부에 출국금지를 요청하면 처리되는 게 일반적이다. 더욱이 긴급출국금지는 검사가 출입국관리공무원에게 직접 출금을 요청할 수 있는 제도다.* 그런데도 이규원이 김학의 건에 대해 대검 승인을 받아 달라고 한 것에는 그럴 만한 이유가 있었다. 앞서 검찰과거사진 상조사단에서 대검에 한차례 출국금지를 요청했을 때 대검이 이를 거부했기 때문이다. 문무일 검찰총장을 비롯한 대검 수뇌부는 문재인 정권이 추진한 검찰 과거사 진상조사 작업에 협조적이지 않았다. 대검 수뇌부는 조사단의 활동에 검찰이 엮이는 상황을 될 수 있는 대로 피하려고 했다. 명분은 조사단의 독립성을 보장한다는 것이었지만, 속내는 다른 데 있었다. 검찰의 과거를 들춰내는 것을 탐탁지 않게 여겼기 때문이다. 따라서 이규원이 대검의 재가 없이 섣불리 김학의를 출금했다가는 나중에 혼자서 뒷감당을 해야 하는 처지에 몰릴 수가 있었다. 이규원으로서는 곤란한 상황에 빠지는 것을 막기 위한 안전장치가 필요했다.

전화를 받지 않는 검찰총장

이광철은 다시 조국에게 전화를 걸어 이규원의 요구사항을 전

---

* 　출입국관리법 제4조의6(긴급출국금지): ① 수사기관은 범죄 피의자로서 사형·무기 또는 장기 3년 이상의 징역이나 금고에 해당하는 죄를 범하였다고 의심할 만한 상당한 이유가 있고, 다음 각 호의 어느 하나에 해당하는 사유가 있으며, 긴급한 필요가 있는 때에는 제4조제3항에도 불구하고 출국심사를 하는 출입국관리공무원에게 출국금지를 요청할 수 있다.

달했다. 조국은 알았다고 한 뒤 전화를 끊었다. 잠시 후 다시 이광철에게 전화를 건 조국은 다음과 같이 상황을 설명하면서 출국금지 요청을 진행하라고 지시했다.

"법무부와 대검이 급하게 소통했는데, (문무일) 검찰총장은 늦은 시각이라 연락이 닿지 않고, 봉욱 대검 차장검사와 연락이 닿았다. 차장검사가 '지금 좀 급박한 상황이니까 이규원 검사가 출국금지 요청을 하는 것을 허락하겠다'라고 했다."

만약 이 말을 이규원이 직접 들었다면 긴급출금 요청을 하지 않았을지도 모른다. 조국의 설명에는 그 허락을 '누가' 했는지, 검찰총장인지 아니면 대검 차장(봉욱)인지가 명확하게 드러나 있지 않았기 때문이다. 이규원이 대검의 재가를 요구한 것은, 조사단의 활동을 탐탁지 않게 여기는 검찰 수뇌부가 혹시라도 나중에 딴소리하는 일이 없도록 확실하게 다짐을 받아 달라는 취지였다. 조국이 전한 내용은 이런 요구에는 턱없이 못 미쳤다. 하지만 마음이 급한 이광철이 이런 미묘한 차이를 감지하기는 어려웠다. 그는 이규원에게 전화를 걸어 조국과 통화한 내용을 다음과 같이 전달했다.

"시간이 늦어서 그런지 문무일 검찰총장과는 연락이 닿지 않는다고 한다. 그래서 조 수석께서 봉욱 대검 차장과 연락해 사정 이야기를 했더니, 봉욱 차장검사가 네(이규원)가 긴급출국금지 요청을 하는 것에 대해 오케이 했다고 한다."

이광철의 말에서는 긴급출국금지 요청을 허락한 주체가 봉욱으로 분명하게 드러나 있다. 하지만 봉욱은 나중에 '김학의 불법 출금 의혹 사건' 재판에 증인으로 출석했을 때 김학의에 대한 긴급출금 요청을 허가한 적이 없다고 발뺌했다. 아무튼, 당시 이규원은 이광철의 전화를 받고 대검의 재가가 떨어졌다고 생각했다. 그는 이광철이 알려 준 차규근의 휴대전화 번호를 눌렀고, 차규근에게 다음과 같이 안내를 받았다.

"시간이 촉박하니 검사님(이규원)이 '긴급출국금지' 요청서를 작성해 사진으로 찍어 나에게 전송해 주면 접수된 것으로 처리하겠다. 검사님도 수사기관이니 검사님 이름으로 보내 주시면 된다. 원래는 인천공항 출입국 관리 부서로 팩스를 보내야 하는데, 시간이 워낙 촉박하니 사무실에 가서 긴급출국금지 요청서를 작성하여 사진을 찍어서 내 휴대전화로 보내 주면 된다."

이규원은 곧바로 집을 나서 서울 동부지방검찰청으로 향했다. 검찰과거사진상조사단 사무실에 들르기 위해서였다. 이규원이 사무실에 도착한 시각은 2019년 3월 22일 밤 11시 55분이었다. 김학의가 예약한 비행기의 출발 시각(23일 0시 20분)까지는 25분밖에 여유가 없었다. 이규원은 서둘러 컴퓨터를 켜고 출국금지에 필요한 서류를 작성하기 시작했다. 하지만 너무 서두른 탓에 실수를 저질렀다. 그가 작성해야 할 서류는 '긴급출국금지 요청서'였는데, 일반 '출국금지 요청서' 양식을 사용한 것이다.

이규원은 당시 '출국금지'와 '긴급출국금지'의 차이를 구분하지 못한 것으로 보인다. 그는 작성한 출국금지 요청서를 출력해 휴대전화로 촬영한 뒤 차규근과 이광철, 그리고 출입국 담당 직원에게 보냈다.

이규원의 실수는 차규근의 눈에 금방 띄었다. 그는 이규원에게 다시 전화를 걸어 "방금 보낸 것은 일반 출국금지 요청서 양식이다. 긴급출국금지 양식은 따로 있는데, 급하니까 이 양식에다 손으로 '긴급'이라고 써서 다시 보내 달라"고 했다. 이규원은 부랴부랴 '출국금지 요청서'라는 글자 앞에 볼펜으로 '(긴급)'이라고 써넣었다. 그리고 이번에는 당직실에 있는 팩스로 인천공항 출입국 심사지원과 담당 직원에게 서류를 보냈다. 직원은 팩스를 받자마자 출입국관리정보시스템에 김학의에 대한 긴급출국금지 내용을 입력했고, 이를 확인한 직원들은 곧바로 출국장 109번 게이트 앞으로 달려가 김학의의 출국을 막았다. 2019년 3월 23일 0시 10분, 김학의가 예약한 항공기가 이륙하기 불과 10분 전이었다.

제 식구 감싸기

드라마보다 더 극적인 김학의의 한밤 해외 출국 무산 소식에 여론은 들끓었다. 검사와 스폰서, 성 접대, 검찰의 봐주기 수사 등의 키워드로 이미 고조된 비난 여론은, '해외 출국' 소동까지 더해져 임계치에 다다랐다. 김학의보다 그에 대한 출국금지를 미리 해 놓지 않은 검찰을 비난하는 여론이 더 거셌다. 보수언론들은 정식 입건된 피의자가 아닌데도 김학의를 긴급출국금지 한 것은 위법성이 있다는 취지의 '검찰 관계자'의 말을 인용해 보도했으나 크게 주목받지는 못했다. 김학의와 그를 봐줬던 검찰에 대한 여론이 그만큼 나빴기 때문이다. 반면, 이규원을 비롯해 김학의의 출국을 막은 출입국본부 직원들에게는 진보 성향 매체들의 찬사가 쏟아졌다.

김학의의 한밤 출국 시도는 '김학의 사건'의 재수사를 요구하는 여론에 불을 댕겼다. 김학의 스스로 자충수를 둔 셈이었다. 그로부터 6일 뒤인 2019년 3월 29일 문무일 검찰총장은 여환섭(당시) 청주지방검찰청장을 단장으로 한 '검찰과거사위 수사권고 관련 수사단'(김학의 특별수사단)을 출범시켰다. 문무일은 검찰이 김학의 사건을 재수사할 수밖에 없는 처지에 몰렸음을 직감했다. 만약 이번에도 김학의를 기소하지 못한다면 검찰은 존립을 걱정해야 할 정도로 여론의 집중포화를 맞게 될 터였다. 문무일은 여환섭에게 이런 상황을 잘 설명했다. 검찰총장의 특명을 받은 여환섭은 2019년 4월 17일 윤중천을 체포함으로써 김학의 사건 3차 수사*의 시작을 알렸다.

특별수사단은 5월 16일 김학의를 구속하는 데 성공한다. 2013년 3월 '별장 성 접대 의혹'이 처음 불거진 지 6년 만이었다. 윤중천에게 1억 3000만 원 상당의 금품과 100차례가 넘는 성 접대를 받고, 사업가 최 아무개 씨에게 수천만 원 상당의 뇌물을 받은 '특정범죄가중처벌법상 뇌물수수' 혐의가 김학의에게 적용됐다. 하지만 의혹의 핵심인 성폭행(특수강간)은 "(김학의의) 강간 행위와 고의를 입증할 증거를 발견할 수 없다"는 이유로 빠졌다. 또

---

* 1차 수사는 2013년 3월 '별장 성 접대' 의혹이 불거져 시작됐으나 그해 11월 검찰은 증거불충분 사유로 불기소처분했고, 2차 수사는 이듬해인 2014년 7월 성 접대 피해 여성의 고소로 시작됐으나 그해 12월 검찰은 또다시 증거불충분을 이유로 불기소처분했다.

수사단은 박근혜 정권 당시 검찰의 1·2차 수사가 김학의를 봐준 결과로 끝나게 된 원인으로 지목된 '청와대의 수사 외압 의혹'*은 사실이 아니라고 결론 내렸다. 이뿐만 아니라 검찰의 초기 '부실 수사 의혹'도 공소시효 핑계를 대고 빠져나갔다. 결국, 수사단은 김학의 사건의 핵심 의혹인 '성폭행'과 '수사 외압'에 모두 면죄부를 준 것이다.

불똥이 검찰로 튀는 걸 막은 특별수사단

그런데 청와대 수사 외압 의혹은, 당시 경찰 수사 책임자의 구체적 진술이 있는데도 검찰 특별수사단이 이를 뭉갠 것이라서 논란이 됐다. 이세민 전 경찰청 수사기획관은 특별수사단에 참고인으로 출석해, "2013년 3월 29일 취임한 이성한 신임 경찰청장에게 김학의 사건 수사 보고를 한 뒤 이성한에게 '기획관, 남의 가슴에 못을 박으면 벌 받는다'는 말을 들었다"고 진술했다.[2] 이세민의 진술에 따르면, 그는 2~3일 뒤에도 수사 보고를 하러 이성한에게 갔다가 "기획관이 보고하는 내용을 나는 하나도 모르겠어"라는 핀잔을 듣는다. 설상가상으로 2주 뒤인 4월 12일 단

---

* 앞서 검찰과거사위원회는 2019년 3월 25일 '청와대 외압 의혹'과 관련해 곽상도 전 청와대 민정수석(국민의힘 전 의원)과 이중희 민정비서관에 대한 수사를 권고했다.

행된 정기 인사에서 그는 경찰대학교 학생지도부장으로 좌천된다. 경무관 승진 이후 본청 수사기획관을 두 차례나 맡을 정도로 수사 능력을 인정받은 그로서는 도저히 이해할 수 없는 인사였다. 이후에도 이세민은 본청으로 돌아오지 못하고 부속 기관 등을 전전하다 끝내 옷을 벗는다.

그뿐만 아니었다. 수사 실무를 맡았던 이명교 경찰청 특수수사과장 역시 국회 경비대장으로 전보됐다. 또 이보다 앞서 그해 4월 5일 단행된 치안감 인사에선 수사 최고위 책임자인 김학배 경찰청 수사국장도 울산청장으로 이동했다. '김학의 사건' 경찰 수사팀이 사실상 해체된 것이다. 검찰과거사위원회는 경찰에 압력을 행사한 당사자로 곽상도 당시 청와대 민정수석(전 국민의힘 의원)과 이중희 민정비서관을 지목해 검찰에 수사를 권고했다. 하지만 검찰 특별수사단은 '당시 경찰 수사팀 관계자들이 청와대 등 외부로부터 질책이나 부당한 요구, 지시, 간섭 등을 받은 사실이 없다고 진술했다'며 청와대 외압 의혹을 인정하지 않았다. 외압이 있었다고 진술한 참고인은 이세민뿐이었다고 검찰은 전했다.

이런 내용의 수사 결과는 여론의 질타를 받을 수밖에 없었다. 박근혜 정권 당시 검찰의 봐주기 수사에 대해서는 그냥 넘어간 셈이기 때문이다. "(증거와 법리에 따라) 원칙대로 수사했다"는 여환섭의 말은 비난 여론을 더욱 부채질했다. 검찰 안에서도 공개적인 비판이 나왔다. 검찰 안에서 내부고발자 역할을 해 온 임은정 검사는 "실망스럽다. 이런 수사 결과를 예상은 했었다. 수사 의지와 방향은 수사단장을 보면 유추할 수 있다"며 여환섭을 저격했다.[3] 임은정은 여환섭이 수사단장에 임명됐을 때부터 "면죄부 검찰의 '면죄부 수사' 또는 '꼬리 자르기 수사'로 치닫는 불행한 결말이 예상돼 참혹하다"라고 날을 세웠다.[4] 여환섭이 2016~2017년 대검 반부패부 선임연구관이었을 때 춘천지검의 '강원랜드 채용 비리' 1차 수사에 관여했는데, 당시 수사 결과가 '몸통'인 청탁자를 빼고 힘없는 강원랜드 사장만 불구속기소한 것이라서 '봐주기 수사'라는 지적을 받았다.* 임은정은 이 사실을 들어 여환섭을 부적격자로 본 것이다.

특별수사단은 절묘한 '꼬리 자르기'로 김학의 사건의 불씨가 검찰로 번지는 것을 막은 셈이다. 앞서 있었던 두 차례 검찰 수사는 '제 식구 감싸기'의 결정판이었다. 따라서 3차 수사에서는 김학의의 성폭행 혐의와 함께 1·2차 수사에서 검찰이 김학의를 왜 봐줬는지, 누가 봐주도록 지시했는지(또는 압력을 행사했는지) 밝혀내야 했다. 수사 외압 의혹을 밝히는 것은 검찰의 구조적인 병

---

* '강원랜드 채용비리 의혹' 1차 수사는 2017년 4월 최흥집 전 강원랜드 사장을 불구속 기소 하는 선에서 마무리됐다. 당시 강원도가 지역구인 자유한국당(현 국민의힘) 권성동·염동열 의원이 채용 청탁의 몸통으로 지목됐지만, 이들의 혐의는 밝혀내지 못했다. 권성동과 염동열은 문재인 정권 들어 시작된 3차 수사 때 불구속기소 됐으나, 권성동에 대해서는 1, 2, 3심 모두 무죄가 선고된 반면, 염동열에게는 유죄가 선고됐다.

폐를 척결하는 차원에서 매우 중요했다. 하지만 특별수사단은 김학의를 구속기소 하는 선에서 수사를 마무리했다. 수사팀으로선 굳이 수사 외압 의혹까지 건드려 검찰 조직에 큰 타격을 입힐 이유가 없었을 것이다.

대놓고 봐준 1·2차 수사

김학의 사건이 검찰의 흑역사 가운데 단연 최악으로 꼽히게 된데에는 박근혜 정권 때 진행된 1·2차 수사의 탓이 크다. 만약 검찰이 이때 제대로 수사했다면, 사건의 파장은 그리 오래가지 않았을 것이다. 특히 김학의는 1·2차 수사 때 제대로 처벌을 받았다면, 일찌감치 사람들의 기억에서 잊혔을 것이다. 검찰의 봐주기 수사로 인해 오히려 더욱 큰 고통을 겪은 셈이다.

1차 수사는 2013년 3월 14일 김학의가 법무부 차관에 임명된 다음 날 '김학의 동영상'이 언론에 보도되며 시작됐다. 사건의 발단은 이러했다. 윤중천과 2012년 10월부터 돈 문제로 소송을 벌이던 한 여성이 그의 벤츠 승용차 안에 있던 '김학의 동영상'을 입수하게 된다. 이후 이 여성은 동영상을 경찰에 넘겼는데, 이것이 언론에 유출된 것이다. 경찰은 3월 18일 이 사건을 경찰청 특수수사과에 배당해 본격적인 수사에 나섰다. 그러자 이틀 뒤인 3월 20일 김학의는 법무부 차관에서 물러난다. 경찰청 특수수사과는 윤중천의 집과 별장을 압수수색하고, 그를 소환 조사하는 등 수사에 박차를 가한다.

하지만 김학의에 대한 경찰의 통신사실 조회 신청 네 차례와 압수수색영장 신청 두 차례, 출국금지 요청은 검찰에서 모조리 기각된다. 설상가상으로 신임 경찰청장이 단행한 인사로 수사팀이 사실상 해체된다. 새로 구성된 수사팀은 김학의가 계속 출석을 거부하자 2013년 6월 18일 검찰에 김학의의 체포영장을 신청하지만, 검찰은 다음 날 체포영장을 반려해 버린다. 경찰은 김학의가 맹장 수술과 입원 등을 이유로 네 차례나 소환 통보에 불응하자 6월 29일 그가 입원한 병원으로 찾아가 조사를 한 뒤, 7월 18일 김학의를 특수강간 혐의 등의 기소의견으로 검찰에 송치한다.

그러나 결국 검찰은 2013년 11월 11일 윤중천만 사기 혐의로 기소하고 김학의에 대해서는 '혐의없음' 처분을 내린다.* 검찰은 김학의를 무혐의 처분한 것에 대해 "성 접대 동영상의 실체가 불분명하고 조사할 피해 여성도 없는데 '네 죄를 네가 알렸다' 식으로 사또식 수사를 할 수 없었다"라고 말했다.[5] 동영상에 김학의 등장 여부를 묻는 기자들의 질문에 검찰은 "범죄사실과 관련 없는 내용이라 언급하기 부적절하다"라고 답하며 피해 갔다.

* 윤중천도 1심 재판에서 벌금 500만원과 징역 1년, 집행유예 2년을 선고받고 풀려났다. 언론들은 검찰이 기소하는 시늉만 낸 것이라고 비판했다.

검찰은 4개월간 관련자 64명을 140회 조사하고 광범위한 압수수색과 계좌추적을 시행했다고 밝혔다. 그러나 검찰은 김학의에 대해서는 압수수색과 계좌추적을 단 한 차례도 하지 않았다. 다만 검찰 수사는 피해 여성들의 진술을 검증하는 데 초점이 맞춰져 있었다. 나중에 검찰과거사진상조사단이 작성한 '김학의 보고서'에 그 내용이 잘 나와 있다. 조사단은 "여성들의 피해 진술 신빙성을 탄핵하기 위해 검찰이 방대한 참고인을 소환 조사하고 피해 여성 및 수사경찰관이 사용한 이메일 계정까지 압수수색하는 등 이율배반적 적극성을" 보였다고 기록했다.[6] 검찰이 김학의의 성폭행 혐의를 밝히는 대신 오히려 피해 여성들의 진술을 배척하려고 애썼다는 것이다.

2차 수사는 1차 수사에 불만을 품은 한 피해 여성이 2014년 7월 9일 김학의와 윤중천을 특수강간 혐의로 검찰에 고소하면서 시작됐다. 이 여성은 자신이 '김학의 동영상'에 등장하는 인물이라고 밝히기까지 했다. 하지만 검찰은 1차 수사에서와 마찬가지로 김학의의 성폭행 혐의를 밝히려는 의지가 전혀 없었다. 검찰은 2013년 1차 수사 때 김학의를 무혐의 처분한 검사에게 다시 사건을 배당했다가 피해 여성이 항의하자 담당 검사를 교체하기도 했다. 또한 피해 여성을 불러 고소인 조사를 한 차례 한 뒤 사건을 한참 동안 뭉개다 2015년 1월 7일 김학의와 윤중천의 성범죄 혐의에 대해 무혐의 처분을 내렸다. 그뿐 아니라,

고소인이 동영상 속 여성인지 불분명하다며 '김학의 동영상' 속 남성을 특정하지도 않았다.

'뺄셈 수사'를 한 박근혜 검찰

김학의 사건에 대한 검찰의 1차 수사(경찰 수사 지휘)와 2차 수사(직접 수사)는 애초 사건의 구도에 대한 접근부터 잘못됐다. 이 사건은 크게 두 종류의 범죄로 구성된다. 하나는 검찰 고위 간부가 오랜 기간 스폰서 관계를 맺고 있는 건설업자에게서 성 접대를 받은 전형적인 '뇌물수수 사건'이다. 다른 하나는 피해 여성들을 별장으로 유인해 집단 성폭행을 저지른 '성폭력 사건'이다. 그런데 검찰은 여기서 뇌물수수 혐의만 쏙 뺐다. 왜 그랬을까. 건설업자 윤중천이 접대한 검찰 고위 간부는 김학의 말고도 여럿 있었기 때문에 뇌물수수 사건으로 접근하게 되면 다른 검찰 간부들도 무사하지 못하게 된다. 검찰에 쏟아질 비난도 그만큼 더 커질 수밖에 없다. 검찰로서는 이 사건이 뇌물수수 사건으로 비화하는 게 전혀 달갑지 않은 것이다.

또 다른 이유는 뇌물수수 사건으로 접근하면 김학의를 봐주기가 쉽지 않다는 점이다. 뇌물수수 사건은 '김학의 대 윤중천과 피해 여성들'의 구도로 수사가 진행된다. 윤중천과 성 접대에 동원된 여성들이 한쪽에 있고, 그 반대편에 김학의가 있는 구도다. 이 구도에선 여성들이 성폭행을 당했는지, 윤중천의 강압에 의해 성 접대에 동원됐는지에 관한 진술은 김학의의 뇌물수수 혐의를 입증하는 것과 별 상관이 없다. 윤중천의 혐의가 추가될 뿐, 김학의가 성 접대를 받은 범죄사실에는 전혀 영향이 없다.

반면 성폭력 사건에서는 '김학의와 윤중천 대 피해 여성들'로 수사 구도가 짜인다. 따라서 여성들의 성폭행 피해 진술만 무력화하면 쉽게 김학의를 봐줄 수 있다. 여성들의 진술이 믿을 만하지 않다면 김학의와 윤중천에게 성폭행 혐의를 적용할 수 없기 때문이다. 검찰은 실제로 여성들의 진술 신빙성을 탄핵하는 데 집중했다. 마치 여성들의 진술이 허위라는 걸 밝혀내려고 작정한 듯했다. 물론 성폭행 수사에서는 피해자들의 진술이 중요하기 때문에 진술의 신빙성을 따지지 않을 수 없다. 문제는 검찰의 판단이 성폭력 범죄에 대한 왜곡된 시각에서 비롯됐다는 사실이다. 성 접대에 동원된 여성들이 '피해자답지 않다'는 이유로 이들의 진술을 믿을 수 없다고 결론 낸 것이다.

성폭력 사건 수사에서는 다른 사건과 달리 피해자를 검증하는 절차가 따른다. 성폭력을 당할 때 저항했는지, 옷차림과 말투 등은 어땠는지, 가해자와 사적인 관계가 있는지 등의 내용을 묻고 확인하는 것이 그 내용이다. 그 과정에서 피해자는 모욕감을 느끼거나, 사회적 비난과 보복에 대한 두려움 때문에 피해 사실을 제대로 진술하지 못하기도 한다. 그 결과 사건이 왜곡돼 가해자에 대한 처벌이 약해지거나 심지어 무혐의 처리되는 경우가 적지 않다. 이를 막기 위해서는 피해 당사자의 진술과 경험, 관점에 중심을 두는 '피해자 중심주의'가 필요하다.

하지만 검찰은 김학의 사건에서 오히려 '가해자 중심주의'로 일관했다. 윤중천 등은 혐의를 강하게 부인하는 반면, 여성들은 피해 사실을 적극적으로 진술하지 않는다는 이유로 성폭력 혐의를 인정하지 않았다. 그러나 김학의 동영상에 등장하는 피해 여성을 법률 대리한 박찬종 변호사는 2014년 7월 김학의와 윤중천을 특수강간 혐의로 검찰에 고소한 후《SBS》와 한 인터뷰에서 다음과 같이 말했다.[7]

"(2013년 1차 수사의) 수사단계에서 (고소인이) 왜 동영상의 주인공이 나라고 분명히 말 못 했는가 하면요, 수치심, 불안, 앞으로의 삶에서 자신에게 멍에가 될지 모른다는 두려움 때문이거든요. 경찰에 나와서 조사를 받는데, 그 당시에는 무슨 변호사 조력을 받을 처지도 못 되고 혼자였거든요. 덩그러니 혼자요, 피해자가. 검찰 간부를 비롯해 위세가 등등한 가해자들이 '사실대로 말하면 네 얼굴에 상처도 내고 못 살게 하겠다'라며 협박하는 와중에 순간적으로 이게 나라고 (인정)했을 때 올 파장을 생각하니까, 자신이 수모를 겪고 부끄러움을 받는 것은 둘째 문제이고 신체상의 위해 같은 것이 올 수 있다는 두려움 때문에 그렇게 말했던 것입니다. 그래서 그 뒤 상황 전개를 봐서, 청와대까지 진정서를 냈는데도 회신이 오기를, '귀하가 낸 진정서는 관할 검찰에 이송했으니까 그렇게 알라'였고, 어디 하소연할 곳도 없고 그래서 저를 찾아온 겁니다."

박 변호사는 김학의의 성폭력 혐의에 대해 "무엇보다 중요한 것은 이른바 원주 별장에서 성폭행 사건이 여러 차례 있었고, 서울 시내에서도 상당 기간, 상당한 횟수로 그러한 유사한 행위가 있었고 그 사실을 움직일 수가 없다"고 말했다. 그러나 박 변호사가 대리한 사건(2차 수사)도 검찰은 간단히 무혐의 처리했다. 박 변호사는 그로부터 5년이 지난 2019년 3월 《CBS》 인터뷰에서 다음과 같이 말했다.[8]

"김학의 피고소인이 일단 법무부 차관에서 퇴직했지만, 불기소처분할 당시에 법무부나 검찰 내의 말하자면 상위 서열자가 장관이나 총장 두 명인가 세 명밖에 없었어요. 그러면 나머지 현직은 전부 자기보다 서열이 낮거나 과거 자기 부하였던 사람들이니까 '이거 이래서 봐준 것이로구나' 저는 그렇게만 생각했죠. (…) 두 번째 조사를 받을 때는 첫 번째 경찰 조사와 검찰 조사 때보다도 더 상세하게 정황 증거에 관해서 피해자가 진술했는데, 대질신문을 요구했거든요. 그리고 이른바 원주 별장 성 접대 사건, (이 사건이) 서울에서 떨어진 농촌 지역의 별장에서 벌어졌다는 어떤 상징성 때문에 자꾸 '원주 별장 성 접대 사건'이라고 불리는데, 사실은 서울 시내에서도 복수로 지속적으로 일어났던 일이에요. 아무튼 (성 접대 사건과 관련해서) 윤중천 씨가 세를 얻었던 서울 오피스텔 등지와 원주 별장을 현장 검증하고, 윤중천 씨와 김학의 씨, 피해자 이 씨를 대질신문해 달라고 요구했는데 거부당했어요. 그리고 참 내가 말하기가 그런데, 2차 고소한 후에 (검찰이) 김학의 씨에게 피의자 신문을 안 했어요." 박 변호사의 인터뷰 내용인즉슨 검찰이 직접 수사한 2차 수사가 경찰이 수사한 1차 때보다 더 노골적으로 김학의를 봐줬다는 것이었다.

면죄부로 끝난 재수사

첫 단추부터 잘못 끼워진 수사가 좋은 결과로 마무리될 리 없었다. 김학의는 여환섭이 이끄는 특별수사단에 의해 2019년 6월 기소된 뒤 총 다섯 번의 재판을 받았는데, 최종 결론은 무죄였다. 2019년 11월 22일 1심 재판부는 김학의에게 뇌물수수 혐의는 무죄 판결을, 성 접대 혐의는 공소시효가 지났다는 이유로 면소 판결을 내렸다. 하지만 2심 재판부는 2020년 10월 28일 뇌물수수 혐의를 유죄로 인정해 징역 2년 6개월을 선고하고 그를 법정구속했다. 사업가 최 씨에게 받았다는 4300여만 원을 뇌물로 인정한 것이다.

그러나 2021년 6월 대법원 3부(주심 이흥구 대법관)는 2심 판결을 뒤집어 뇌물수수 혐의도 무죄 취지로 파기환송했다. 2심 재판 당시 검찰이 증인신문을 하기 전에 사업가 최 씨를 '사전 면담'한 것을 이유로 그의 진술을 믿을 수 없다고 판단한 것이다. 검찰이 핵심 증인을 재판 전에 검찰로 불러 사전 면담하는 것은 유죄판결을 받아 내기 위해 많이 사용하는 수법이었다. 그런데 대법원은 이를 증인에 대한 검찰의 회유 또는 압박 수단으로 활용한 것으로 의심했다. 뒤이은 파기환송심은 이런 대법 판결에 따라 김학의에게 무죄를 선고했고, 대법원 2부(주심 천대엽 대법관)는 2022년 8월 11일 검사의 재상고를 기각하며 파기환송심을 확정했다.

검찰 과거사 진상조사 작업의 유일한 성과로 기대를 모은 김학의 사건 재수사*는 오히려 김학의에게 확실한 면죄부를 주는 결과를 낳았다. 그 파장은 컸다. 권력기관 가운데 유일하게 과거사를 반성하지 않은 검찰에 더는 진상조사를 요구할 수 없게 됐다. 검찰개혁에 대한 검찰 기득권 세력의 반발도 더욱 거세졌다. 검찰이 개혁을 당할 만큼 잘못한 것이 없는데도 좌파 정권이 정치적 목적으로 검찰을 개혁 대상으로 몰아간다는 주장이 검찰 안에서 힘을 얻게 된 것이다. 이런 분위기는 문재인 정권 후반기에 검찰개혁에 대한 대대적인 '반격'을 가능하게 한 토양이 된다.

---

* 김학의 사건 재수사는 검찰과거사진상조사단의 조사 결과에 따라 검찰이 특별수사팀을 만들어 재수사에 나선 유일한 사례다.

기형적 구조, 예정된 실패

김학의 사건 재수사를 비롯한 검찰 과거사 진상조사 작업이 실패한 데에는 크게 두 가지 원인이 작용했다. 첫째는 검찰 과거사 조사 기구(검찰과거사위원회, 검찰과거사진상조사단)의 구조적 한계다. 검찰 과거사 조사 기구가 민간인을 강제로 조사할 수 있는 권한을 갖고 있지 않았기 때문에 김학의와 윤중천 등을 상대로 사실관계를 정확하게 파악할 수 없었다. 이 때문에 마지못해 재수사에 착수한 검찰 특별수사단이 성폭력 혐의에 대해 대충 수사하는 시늉만 내고 넘어가도 그냥 지켜보는 수밖에 없었던 것이다. 이런 한계는 과거사 조사 기구의 법적 기반이 취약한 데서 비롯됐다.

모든 국가기관과 기구는 법적 설치 근거가 있어야 한다.[9] 정부 부처의 각종 위원회도 마찬가지다. '행정기관 소속 위원회의 설치·운영에 관한 법률'에 따르면 위원회를 설치하려면 법령(법률)을 만들어 설치 목적과 기능, 성격, 권한 등을 명시해야 한다. 그렇게 만든 법령은 국민의 대의기관인 국회의 의결을 거쳐야 법적 정당성을 확보한다. 국민을 상대로 공권력을 행사할 수 있는 권한은 이런 과정을 통해 부여되는 것이다.

하지만 검찰과거사위원회는 법령이 아니라 그보다 하위인 '법무부 훈령'(검찰과거사위원회 규정)에 설치 근거를 뒀다. 법무부 훈령은 장관 지시에 불과해 대외적인 법적 효력이 없다. 법무부를 벗어나면 어떠한 강제력도 발휘할 수 없다. 검찰과거사진상조사단도 마찬가지다. 조사단은 검찰과거사위가 지정한 사건을 조사하기 위해 만든 실무 조직이다. 그런데 법률이 아닌 '대검 훈령'(검찰 과거사 사건의 진상 규명을 위한 대검찰청 진상 조사단 운영 규정)에 설치 근거를 둔 탓에 '강제조사권'을 갖지 못했다. 조사권이 있는 기구는 국민의 인권 침해를 수반하기 때문에 반드시 법률로 조사 권한을 부여해야 한다.

조사 기구를 검찰과거사위원회와 검찰과거사진상조사단으로 이원화한 것은 이런 법적 결함 때문이다. 검찰 과거사 조사 기구는 구체적인 형사 사건을 다루기 때문에 수사 및 공판 기록을 열람해야 한다. 하지만 수사·공판 기록은 아무나 볼 수 있는 게 아니다. 주민등록번호 등 개인정보부터 범죄 경력과 사건에 대한 구체적 진술 내용 등 민감한 정보가 잔뜩 들어 있어서 당사자가 아니면 열람할 수 없다. 기록을 보관하고 있는 검찰청도 개인정보보호법이 정한 '개인정보처리자'로서 '수사 목적'으로 수집, 기록, 열람할 뿐이다. 따라서 대검 훈령으로 수사·공판 기록을 열람할 수 있는 권한을 주기 위해 과거사위원회와 별도로 과거사진상조사단을 만든 것이다.

애초 검찰과거사위원회를 법률로 설치했으면 조사단을 별도로 만들 필요도 없고, 다른 법적인 논란도 없었을 것이다. 실제로 노무현 정권 때인 2005년 진실·화해를위한과거사정리위원회(진실화해위원회)는 법률(진실화해를위한과거사정리기본법)로 설치 근거를 만들어 적법성 시비에 휘말리지 않고 의미 있는 성과를 거둘 수 있었다. 당시 청와대 '왕수석'이었던 문재인 대통령이 누구보다 이를 잘 알고 있었을 텐데, 과거사 조사 기구를 굳이 법무부 훈령과 대검 훈령으로 만들도록 놔둬서 적법성 논란을 자초한 것이다. 왜 그랬을까.

그 이유는 당시 문재인 정권이 사활을 걸고 추진한 고위공직자범죄수사처와 연관이 있어 보인다.[10] 검찰과거사위를 법률로 만들려면 국회에서 여야 합의를 거쳐야 하기 때문에 그만큼 시간이 걸린다. 또 당시에는 검찰과거사위의 국회 통과를 장담할 수도 없었다.* 만약 검찰과거사위 출범 문제로 여야가 국회에서 대립한다면 공수처 도입 일정에도 영향을 미칠 것이었다. 제1야당인 자유한국당(현 국민의힘)은 공수처 도입을 강하게 반대했기 때문에 공수처를 출범시키려면 상당한 물리적 시간이 필요했다.** 문재인 정권으로선 공수처를 임기 내에 설립하려면 국회에서 자

---

*   20대 국회(2016년 5월 30일~2020년 5월 29일)의 당별 의석수는 더불어민주당 123석, 새누리당(현 국민의힘) 122석, 국민의당(안철수 대표) 38석, 정의당 6석, 무소속 11석이었다.

**   결국 공수처법은 자유한국당을 제외한 여야 4당의 합의로 2019년 3월 15일 검·경수사권 조정 법안과 함께 패스트트랙에 올려졌고, 2019년 12월 30일 자유한국당 의원들이 전원 퇴장한 채 국회 표결을 거쳐 통과됐다.

유한국당과 충돌할 일을 하나라도 더 줄일 필요가 있었다.

문재인은 검찰과거사위 활동이 공수처 설립과 연관이 있음을 굳이 숨기지 않았다. 그는 김학의가 해외 출국을 제지당한 지 3일 만인 2019년 3월 25일 열린 청와대 수석·보좌관 회의에서 난데없이 공수처 얘기를 꺼냈다. "최근 특권층의 불법 행위와 외압에 의한 부실 수사, 권력의 비호·은폐 의혹 사건에 대한 국민의 분노가 매우 높다. 공수처 설치의 시급성이 다시 확인되었다." 김학의의 해외 출국 시도는 분명 공분을 일으킬 만했지만, 그로 인해 '공수처 설치의 시급성이 확인됐다'는 문재인의 주장은 논리적 비약에 가까웠다. 그의 발언은 검찰 과거사 조사 기구를 만든 목적이 과거사 조사 자체에 있는 게 아니라, 공수처를 만들기 위한 여론 조성에 있는 게 아니냐는 의심을 사기에 충분했다.

재심 전문 변호사의 몽니

김학의 사건 재수사가 실패한 또 다른 원인은 검찰과거사진상조사단의 내분이다. 조사 실무를 담당한 조사팀의 내분은 이 사건에 대한 실체적 진실을 파악하기 어렵게 했을 뿐 아니라, 훗날 김학의에 대한 긴급출금을 불법으로 몰고 간 검찰 수사에 동력을 제공하기도 했다. 내분은 성폭력 피해 여성 진술의 신빙성을 둘러싼 이견에서 시작됐다. 성폭력 진위 여부를 피해 여성의 '피해자다움'에서 찾으려는 수사기관의 고질적 병폐가 조사단에서도 반복된 것이다. 특히 잘못된 수사를 파헤치는 능력이 뛰어난 '재심 전문변호사'가 오히려 수사기관의 이런 시각에 동조한 것은 아이러니였다.

약촌오거리 살인사건* 등의 재심 사건 변호인으로 잘 알려진 박준영 변호사가 검찰과거사진상조사단원에 위촉된 것은 2018년 2월 조사단 출범 때였다. 박준영은 애초 그가 맡고 있던 재심 사건들이 검찰 과거사 진상조사 대상 사건으로 거론되고 있었기 때문에 이해충돌 논란을 의식해 조사단 참여를 망설였다. 하지만 '본인 사건은 회피하고 다른 사건들만 조사하면 되지 않느냐'는 검찰 쪽의 설득을 수용해 당시 문무일 검찰총장이 위촉한 36명의 조사단원에 포함된다.

박준영이 김학의 사건을 맡게 된 것은 검찰과거사진상조사

---

* 2000년 8월 10일 새벽 전북 익산시 약촌오거리에서 발생한 택시기사 살인사건의 목격자가 경찰에 의해 범인으로 몰려 억울한 옥살이를 한 뒤 재심을 통해 무죄를 선고받은 사건이다. 경찰은 사건 현장 인근에서 범인 도주를 목격한 최 아무개 씨(당시 15살)를 살인 혐의로 체포해 폭행 등 강압 수사로 거짓 자백을 받아 낸 뒤 검찰에 송치했고, 검찰은 최 씨를 살인 혐의로 기소했다. 최 씨는 무고를 주장했으나 1심에서 징역 15년, 2심에서 징역 10년을 선고받았고, 대법원 상고를 포기하면서 형이 확정됐다. 최 씨는 2010년 만기 출소한 뒤 근로복지공단이 택시기사의 사망보험금 1억 4000만 원에 대한 구상권을 청구하자 재심을 신청했고, 2016년 재심이 개시돼 무죄를 확정받았다. 2017년 개봉한 영화 〈재심〉의 소재가 된 사건이기도 하다.

단에서 발생한 2차 가해 논란이 계기가 됐다. 이 사건을 처음 담당한 조사5팀이 피해 여성을 조사하는 과정에서 2차 가해성 질문을 한 사실이 드러난 것이다.[11] 이 팀에 소속된 한 검사는 피해 여성을 조사하면서 '왜 강간을 당하고 바로 신고하지 않았느냐'는 취지의 질문을 했다. 이어 피해 여성에게 '(조사단에) 많은 기대를 하지 말라'는 말도 했다. 게다가 피해 여성이 제출한 피해자 의견서가 두 달이 넘도록 조사단에 전달되지 않고 파견 검사의 캐비닛에 처박혀 있었단 사실도 드러났다. 이런 정황들은 조사5팀이 피해 여성들의 진술이 신빙성이 없다는 심증을 갖고 있고, 나아가 김학의 사건을 제대로 조사할 의지조차 없는 게 아니냐는 의심을 샀다. 실제로 조사5팀은 1·2차 수사기록을 검토한 뒤 '피해 여성들의 진술을 믿을 수 없다'는 잠정 결론을 검찰과 거사위원회에 보고하기도 했다. 이 사실을 알게 된 피해 여성의 변호인은 조사팀의 교체를 요구했고, 조사단은 이를 받아들여 2018년 11월 14일, 조사8팀을 새로 구성해 이 사건을 배당했다. 박준영은 바로 이 팀에 배속된 것이었다.

그런데 박준영은 불과 50여 일 만인 2019년 1월 2일, 조사단에서 자진 사퇴한다. 그는 조사단 활동이 종료된 후 자신의 페이스북에 조사단에 들어간 것을 후회하는 내용의 글을 올렸다. 김학의 사건의 내용을 알고 있는 변호사가 조사단에 참여하지 말라는 경고를 했는데, 그걸 무시하고 조사단에 들어간 게 몹시 후

회된다는 내용이었다. 앞으로는 주변 사람들 말을 잘 듣고 살겠다는 다짐까지 적혀 있었다.

그는 조사8팀에서 현직 검사와 함께 여성들의 진술을 탄핵하는 편에 선다. 조사단은 팀별로 교수 두 명과 변호사 두 명, 그리고 검사 두 명 등 총 여섯 명으로 구성됐는데, 조사8팀에는 나중에 김학의를 불법출금한 혐의로 기소된 이규원 검사와 최준환 검사도 포함되어 있었다.[*] 박준영은 자신이 왜 피해 여성들의 진술이 신빙성이 없다는 판단을 내리게 됐는지 그 이유를 담은 장문의 글을 자신의 페이스북에 올렸다.

김학의가 1심 무죄 선고로 석방된 지 사흘 만인 2019년 11월 22일에 올린 글에서 박준영은 이 사건의 처음과 끝은 '돈'이었다는 황당한 주장을 한다. 윤중천에게 성폭행 피해를 당한 것으로 지목된 여성들의 진짜 동기가 금전적 보상이라는 것이다. 박준영은 그 근거로 윤중천과 피해 여성들의 얽히고설킨 금전 관계를 들었다. 동업하다 피해를 봤거나, 금전적 지원을 약속받고 동거 생활을 하다 관계가 틀어지는 등 복잡한 배경이 이 사건의 저변에 깔려 있다는 것이다. 여성들이 경찰에서 진술한 기록을 보면 아귀가 딱딱 맞아떨어질 정도로 구체적이라서 신빙성이 있

---

[*] 조사8팀에는 이근우, 황태정 교수와 이규원, 최준환 검사, 그리고 김영희, 박준영 변호사가 있었다. 이후 박 변호사가 2019년 1월 2일 자진 사퇴한 뒤에는 후임으로 배진수 변호사가 합류한다.

어 보이지만, 이들의 통화 녹음, 휴대전화 포렌식 자료, 이메일 등의 실제 증거는 강간을 당했다는 여성들의 주장을 의심하지 않을 수 없게 한다고 박준영은 주장했다. 그가 보기에 피해 여성들은 전혀 피해자답지 않았다는 것이다.

그는 '김학의 동영상'이 드러난 배경에도 역시 돈 문제가 얽혀 있다고 봤다. 윤중천과 소송을 벌이던 한 피해 여성이 그의 자동차에서 우연히 발견한 동영상은 윤중천에게 돈을 받아낼 수 있는 좋은 미끼였을 거라고 그는 생각했다. 꿈쩍도 하지 않는 윤중천보다 심각한 타격을 받을 수 있는 김학의까지 엮어야 더 효과적일 것이라는 피해 여성들의 판단에 따라 동영상이 판도라의 상자처럼 돼 버렸다는 것이다. 또 동영상을 입수한 경찰도 당시 수사권 조정 문제로 검찰과 갈등을 벌이고 있었기 때문에 이를 최대한 활용하려는 의도가 있었다고 봤다. 김학의라는 고위 검사를 잡아들여 잘못된 검사의 민낯을 드러내고 싶지 않았겠느냐는 그럴듯한 추론도 제시했다.

이런 사정들을 종합해 보면, 경찰 수사의 문제점을 철저히 파헤친 당시 검사들이 김학의를 봐준 것으로 몰아가는 것은 '불순한 의도'가 있다는 게 박준영의 시각이었다. 그는 자기가 민간 조사단원들 중에 가장 열심히 사건기록을 검토했다고 주장했다. 물리적 시간만 따지면 그의 말이 맞는지도 모른다. 사건기록을 외부로 반출할 수 없었기 때문에 기록을 보려면 서울동부지검에 있는 검찰과거사진상조사단 사무실로 출근해야 했는데, 서울에 사무실이 없었던 박준영은 거의 매일 검찰청으로 출근하다시피 했다. 하지만 사건기록은 기본적으로 검찰의 시각에서 작성된 것이다. 따라서 검찰이 내린 무혐의 결정이 자연스럽고 합리적으로 보이도록 잘 짜 맞춰져 있을 수밖에 없다. 기록에 매몰되면 실체적 진실에 이르는 길을 잃을 수도 있다.

박준영은 이보다 앞서 올린 다른 글에서 조사단에서 활동하는 동안 겪은 심적 갈등을 토로하기도 했다. 그는 김학의가 구속된 다음 날 작성한 글에서 자신이 김학의 사건기록을 보지 않았다면 이 상황을 정의의 실현으로 해석했을 것이라고 말하면서, 그러나 조사단 활동을 통해 그 자신은 김학의 전 차관에게 구속영장이 발부되지 않을 것이라 생각하게 되었다고 썼다. 사건을 면밀히 살펴보며 제3자 뇌물수수라는 김학의의 주요 혐의에 사실적, 법리적 의문을 갖게 되었다는 것이 그의 설명이었다. 또한 뇌물 혐의로 구속한 뒤 성폭력 혐의로 압박하는 것은 무리한 수사라고 생각한다는 견해를 밝히기도 했다.[12]

검찰개혁의 불쏘시개라는 의심

박준영은 문재인 정권이 김학의 사건을 정치적으로 이용했다고 여겼다. 이 사건의 재수사를 통해 국정 과제였던 검찰개혁, 특히 고위공직자범죄수사처 설치를 지지하는 여론을 고조시키려고 했다고 의심했다. 이런 의심은 나중에 이광철과 이규원, 차규근에 대한 검찰 수사에 중요한 근거로 작용한다. 그는 2022년 11월 11일 '김학의 불법출금 의혹 사건' 1심 재판에 증인으로 출석해 다음과 같이 증언한다.

<u>검사</u>: 2019년 3월 12일 조사단 활동기한 연장을 거부한 검찰과거사위원회가 불과 6일 뒤인 3월 18일 대통령의 철저한 진상 규명 지시로 입장을 번복했다고 글을 올렸다. 조사단 활동을 연장한 이유가 대통령 지시였다는 취지인가?

<u>박준영</u>: 결정적인 건 대통령의 철저한 진상 규명 담화(2019년 3월 18일)였다고 생각한다. 검찰과거사위원단 중에 한 사람이 조사단 활동 기한을 연장한 이유에 대해 '대통령의 특별담화 때문'이라고 말했다. 조사단이 조사한 내용은 법무부 장관과 행정안전부 장관에게 보고되지만, 대통령은 도대체 누구로부터 어떤 이야기 듣고 수사를 지시한 건지 모르겠다.

<u>검사</u>: 대통령이 철저한 진상 규명을 지시한 배경에 조사8팀과 청와대 간에 연락이 있었다고 판단하나?

<u>박준영</u>: 당시 대검은 조사단 일에 관여하지 않으려고 했다. (대검이) 검찰개혁 대상인데, 관여해서 무슨 소리 들을지 모르

니까 소극적이었다. 검찰과거사위원회는 조사기록을 볼 수 없는 상황이었다. 조사단의 보고 내용만 접하고 있었다. 대통령에게 보고할 정도로 의미 있는 정보를 정리할 상황이 아니었다. 그렇다면 대통령이 특별담화에서 이야기한 내용은 조사단에서 나온 것으로 보인다.

검사: 그럼 조사단에서 그런 정보가 나왔다고 증인이 판단했는데, 어떤 경로를 통해서 청와대로 간 것으로 보나?

박준영: 추정이지만, 이규원 검사가 이광철 비서관에게 줬다고 생각하고 있다. 이전부터 소통을 계속해 왔기 때문에.

검사: 두 사람이 이전부터 소통했다는 것은 증인이 알고 있는 사실이었나?

박준영: 당시만 해도 나는 그게 자연스럽고 필요한 일이라고 생각했다. 검찰이 검찰개혁을 방해할 수 있고 (그런 것들이) 장애가 될 수 있는 상황에서 정치 개입이 필요하다고 생각했다. 그래서 이광철의 관심이나 이규원의 소통이나 이런 것들이 정말 조사 잘하려고 하는 선의에 의해서 이뤄지는 일이라고 생각했고 그때만 해도 아무런 문제의식을 갖지 못했다. 지금도 그 당시의 선의를 전적으로 부정하고 싶진 않지만, 그런 소통의 과정들이 말도 안 되는 어떤 개입에 의한 사건 왜곡, 수사단 발족, 그리고 어떤 정치 세력의 목적에 이용된 상황이다 보니까. 제 경험에 의하면 두 사람(이광철, 이규원)은 소통했다고

보고 있다. 다른 경로는 생각할 수 없다.

박준영은 김학의 사건 재조사가 검찰 과거사 정리의 차원을 넘어 어떤 정치적 목적, 즉 검찰개혁에 대한 검찰의 반발을 누르고 청와대가 원하는 일정과 방향에 따라 검찰개혁을 추진할 수 있는 계기로 활용됐다고 생각했다. 그는 그 근거로 2019년 3월 18일 검찰과거사위원회가 조사단의 활동 기한 연장을 결정한 것과, 같은 날 문재인 대통령이 김학의 사건을 장자연 사건, 버닝썬 사건과 묶어 "철저히 조사하라"고 지시한 것을 꼽았다. 문 대통령의 지시로 인해 당시 재수사할 만한 부정과 혐의가 드러난 게 없는 김학의 사건을 수사하기 위해 진상조사단이 무리수를 두게 됐다는 게 박준영의 생각이었다. 김학의 사건이 검찰의 아킬레스건을 가장 적나라하게 드러낼 수 있는 사건이기 때문에 청와대가 강하게 드라이브를 걸었다는 것이다. 박준영은 여기에 필요한 물밑 작업을 이광철과 이규원이 했다고 의심했다.

만약 문 대통령이 법무부가 아닌 검찰과거사진상조사단에게서 직접 조사 내용을 보고받은 게 사실이라면 그냥 넘어갈 일이 아니었다. 조사단은 외부 간섭 없는 독립적 활동을 보장받았고, 검찰과거사위원회에만 조사 내용을 보고하게 돼 있었다. 그래야 정치적 외풍을 타지 않고 독립적으로 사건을 조사할 수 있기 때문이다. 따라서 청와대와 조사단이 '직거래'를 했다면 이는 검찰과거사위원회 활동의 정당성을 무너뜨릴 수 있는 행위였다. 검찰의 반발은 물론 야당의 공격을 받을 수 있고 자칫 여론도 대통령에 비판적으로 돌아설 수 있었다.

박준영은 원래 이광철과 잘 아는 사이였다. 두 사람은 검찰과 거사진상조사단 출범 전부터 민변 활동을 통해 알게 된 사이였다. 박준영은 자신보다 나이가 많은 이광철을 형님이라고 부르며 잘 따랐고, 이광철도 그를 좋아했다. 박준영은 이광철과 진상조사단 구성과 인선 문제를 협의할 정도로 둘 사이에 신뢰가 있었다고 주장한다.[*] 그런데도 박준영은 왜 자신을 신뢰한 이광철에게 불리한 증언을 한 것일까. 서로 믿고 따랐던 둘 사이가 틀어진 이유는 뭘까. 그는 '김학의 불법출금 의혹 사건' 재판의 증인신문에서 그 이유를 다음과 같이 설명했다.

> 검사: 증인께서 진상조사단의 여론 몰이에 문제를 제기했는데, 이규원 검사가 이를 주도한다고 판단한 건가?
>
> 박준영: 그 얘기를 하기 전에 부끄러운 게, 내가 형제복지원과 약촌오거리 살인사건 등의 변호인이었다. 진상조사단을 통해서 재심에 도움을 받고 싶었고 손해배상 소송에 도움을 받고 싶었단 욕심이 있었음을 부정할 수 없다. 나도 이광철이나

---

[*] 박준영은 2023년 7월 17일 필자에게 "진상조사단 구성 문제로 이광철과 협의를 많이 했다. 이광철은 부인할지 모르지만, 당시 그와 주고받은 이메일을 다 갖고 있다"고 말했다.

이규원한테 잘 보이고 싶었다. 그들이 원하는 바대로 조사단을 이끌어 가고 싶었다. 그들의 의견에 동조하고 함께했던 적도 있다. 그 선의까지 부정하고 싶진 않지만, 그런 일련의 과정이 있었기 때문에 문제되는 일들에서도 음모가 있었다고 보는데….

박준영은 진상조사단에 참가하게 된 데에 자신이 변론을 맡은 재심 사건들을 해결하는 데 도움을 받기 위한 사적인 욕심이 작용했음을 부인하지 않는다. 그는 진상조사단 차원에서 약촌오거리 사건 등에 대한 재수사를 검찰에 권고하면 재심에 큰 도움이 될 것이라고 기대했다. 그런데 이광철과 이규원이 김학의 사건을 모종의 "음모"를 갖고 대하는 것에 크게 실망했고, 그들에게 협조하는 것은 더 이상 양심이 허락하지 않는다고 판단했다는 것이다.

그러나 박준영이 주장한 '음모'는 객관적 사실과 거리가 먼 추측에 불과했다. 변호사인 그가 증인신문에서 자신이 직접 경험하지 않은 내용을 추측해서 말한 것은 대단히 부적절했다. 한때나마 동지적 관계에 있던 이들을 궁지에 몰아넣을 수 있는 증언을 '뇌피셜'을 동원해 한 것이기 때문이다. 그의 추측성 증언에 대해 이광철 등이 느끼는 배신감은 컸다. 또 재심 전문가로 알려진 박준영이 유독 김학의 사건에서 검찰의 수사결과를 철석같이 믿은 것도 의아한 일이다. 재심 사건은 수사기록을 샅샅이 검토해서 수사 과정에서 발생한 오류를 잡아내야 하기 때문에 기본적으로 수사기록을 의심하는 시각으로 본다. 박준영은 과거 여러 사건에서 수사기록 검토만으로 수사 과정의 오류를 잡아냈고, 이를 토대로 재심을 청구해 재심 결정을 받아냈다. 그랬던 그가 유독 김학의 사건에서는 검찰이 작성한 수사기록을 무한정 신뢰하는 태도를 보인 것이다.

아라미스 향수 냄새만 맡아도…

그러나 박준영이 신뢰한 검찰 수사기록은 성폭력 범죄 수사의 기본을 지키지 않은 불량품에 가까웠다. 성폭력 수사는 피해 여성에게 2차 가해를 일으킬 수 있기 때문에 각별한 주의가 필요하다. 보복에 대한 두려움 때문에 피해 여성이 진술을 꺼리는 경우도 많다. 피해자에게 얼마나 정확하고 상세한 진술을 받아 내느냐에 따라 수사의 성공 여부가 갈린다. 검찰은 이런 문제를 해결하기 위해 성폭력 사건을 전담하는 검사에게 수사를 맡긴다. 2013년 6월 19일 시행된 성폭력처벌법은 성폭력 수사를 전담 부서(여성아동범죄조사부)에서 하도록 규정하고 있다.[*] 또 같은 해 11월 시행된 대검 예규도 일선 지검장 및 지청장에게 성폭력 전담 검사를 지정해 사건을 배당하도록 규정했다. 하지만 김학의 사건은 이 법과 규정을 따르지 않았다.

2013년 김학의 사건 1차 수사 때 경찰은 3월 27일 수사에 착수해 4개월 가까이 수사한 뒤 7월 18일 김학의와 윤중천을 특수강간 등의 혐의로 검찰에 송치한다. 그런데 검찰은 이 사건을 성폭력 범죄 전담 부서가 아닌 강력부에 배당한다. 새로 시행된 성폭력처벌법에 따라 여성아동범죄조사부에 배당해야 했는데 그렇게 하지 않은 것이다. 심지어 수사 검사는 김학의가 인천지방검찰청장으로 있을 때 함께 근무한 후배 검사였다. 이해충돌은 물론이고 편파적인 수사가 될 가능성이 매우 높은 배당이었다.

성폭력처벌법은 피해자가 편안한 상태에서 조사받고 진술할 수 있는 환경을 조성하도록 규정한다. 조사 횟수도 최소한으로 하게 되어 있다. 또 피해자와 신뢰 관계에 있는 사람이 조사에 동석해 피해자가 심리적 안정을 취할 수 있도록 해야 한다고 밝

[*] 성폭력처벌법 제26조(성폭력범죄의 피해자에 대한 전담조사제)는 다음의 항목으로 이루어져 있다. ① 검찰총장은 각 지방검찰청 검사장으로 하여금 성폭력범죄 전담 검사를 지정하도록 하여 특별한 사정이 없으면 이들로 하여금 피해자를 조사하게 하여야 한다. ② 경찰청장은 각 경찰서장으로 하여금 성폭력범죄 전담 사법경찰관을 지정하도록 하여 특별한 사정이 없으면 이들로 하여금 피해자를 조사하게 하여야 한다. ③ 국가는 제1항의 검사 및 제2항의 사법경찰관에게 성폭력범죄의 수사에 필요한 전문지식과 피해자보호를 위한 수사방법 및 수사절차 등에 관한 교육을 해야 한다.

히고 있다. 하지만 1차 수사에서는 이런 규정이 전혀 지켜지지 않았다. 오히려 피해 여성은 피의자와 비슷한 조건에서 조사를 받았다. 검찰은 피해 여성 이 아무개 씨의 휴대전화와 신분증을 압수하고 동행인이 조사실에 함께 있는 것도 허락하지 않았다. 이 씨는 당시 윤중천에게 당한 성폭력으로 엄청난 트라우마에 시달리고 있었다. 대인기피증과 공황장애로 정상적인 사회생활을 하기 어려웠다. 일례로 대중교통을 이용하지 못하고 있었는데, 중년 남성들이 많이 사용하는 아라미스 향수 냄새만 맡아도 쓰러질 정도로 트라우마가 심했기 때문이었다. 아라미스 향수는 김학의와 윤중천이 즐겨 사용하는 향수였다.

당시 서울중앙지검 강력부 조사실은 다른 곳보다 위압적이고 공포스러운 분위기를 풍기는 곳이었다. 조직폭력과 마약 등의 강력범죄를 다룬다는 이유로 험악한 분위기를 조성한 것이다. 과거에는 수사관들이 조폭 용의자들에게 폭행 등의 가혹 행위를 가하는 일이 비일비재했다. 2002년에는 강력부 조사실에서 조사를 받던 살인사건 용의자가 가혹 행위를 당해 숨진 일도 있었다. 그런 곳에서 성폭력 피해 여성이 홀로 건장한 수사관 앞에서 조사받았으니 '편안한 상태에서의 진술'이 나올 리 없었다.

더욱이 검찰 조사는 앞서 경찰에서 했던 이 씨의 진술을 탄핵하려는 의도로 진행됐다. 그래야 김학의를 봐줄 수 있었기 때문이다. 한때 김학의를 상관으로 모셨던 검사는 이 씨에게 비아냥

거리거나 고압적인 태도로 질문을 던졌다. 검사는 이 씨에게 아버지의 도박 전과가 화려하다느니, 이 일로 집에 돈을 많이 벌어다 줘서 동네에 효녀라는 소문이 자자하다는 등의 모욕적인 말을 건네며 심리적으로 위축시켰다. 심지어 검사는 '이 사건 별거 아니니까 그냥 윤중천 용서하고 김학의도 용서하라'는 취지의 말을 조언이랍시고 해댔다.[13]

당시 검사가 작성한 김학의 불기소 이유서에는 사실과 다른 내용도 있었다. 검사는 피해자 이 씨가 윤중천 소유의 원주 별장에 갔을 때 윤중천 일행에게서 '일정한 대가를 받고 성관계를 했다'라고 진술했다는 취지로 기록했다.[14] 그러나 일정한 대가를 받고 성관계를 했다고 진술한 이들은 다른 참고인들이었다. 이 씨와 다른 참고인들의 진술은 완전히 달랐기 때문에 검사가 혼동하기는 쉽지 않았는데도 어찌 된 일인지 불기소 이유서에는 이들의 진술 내용이 섞여서 기록됐다.

검찰의 2차 수사도 서울중앙지검 강력부에 배당됐는데, 이 씨는 여기서 더 심한 모욕을 당했다. 검찰은 '김학의 동영상'에 나오는 성행위가 자연스러워 보이는지 확인해야 한다며 이 씨에게 이를 재연해 보라는 취지로 말했다. 이 씨는 2018년 7월 검찰 과거사진상조사단과의 면담에서 "내가 피해자라고 아무리 외쳐도 벽에 대고 이야기하는 느낌"이라고 토로했다.[15] 이처럼 검찰의 1·2차 수사는 '김학의 구하기'라는 사명을 다하기 위해 진실을 교묘하게 왜곡한 수사였다.

'내가 한 수사가 뭐가 잘못됐나?'

문재인 정권의 검찰 과거사 진상 조사 작업은 해당 검사들의 거센 반발을 샀다. 비단 조사 대상 검사들뿐만 아니라 일반 검사들도 탐탁지 않게 여겼다. 검찰의 과거사를 들추어내는 작업을 좋아할 검사는 많지 않았다. 검찰과거사위원회의 당연직 간사였던 이용구 당시 법무실장은 2022년 9월 30일 김학의 '불법출금 의혹 사건' 공판에 증인으로 출석해 다음과 같이 증언했다.

> 변호인: 검찰 입장에서는 매우 부끄러운 검찰권 오남용 사례에 대한 조사다 보니 검사들은 당시 검찰과거사위원회와 진상조사단 활동을 매우 경계하고 불편하게 생각했죠?
>
> 이용구: 검찰 과거사 정리 문제에 대해 내가 당시 이해하기로는, 모든 검사에게 (이는) 불편한 것이었다. 옛날에 한 수사에 대해서 잘잘못을 가리자는 건데 그것을 좋아할 검사 또는 당사자들이 어디 있겠나. 100명 이상이나 되는 검사들이 감찰에 준하는 조사를 받았는데, 그중에는 검사장 승진을 앞둔 검사들도 있었다. (검사들에게) 굉장히 불편할 수밖에 없는 것이었다.

당시 검사장 승진을 앞둔 검사 중에는, 나중에 윤석열 정권에서 첫 검찰총장으로 임명되는 이원석 검사도 있었다. 그는 서울중앙지검 금융조세조사3부 부부장이었던 2010년 '라응찬 신한금융지주 회장 비자금 사건'을 수사할 때, 라응찬이 이명박 대통령 쪽에 3억 원의 당선 축하금을 건넨 의혹을 제대로 수사하지 않았다는 의심을 받았다. 나중에 '남산 3억 원 사건'이라 불리게 되는 이 의혹은 2013년 1월 신상훈 신한은행 사장 등에 대한 1심 재판 과정에서 불거졌다. 이명박 대통령 취임식 직전인 2008년 2월께 라응찬이 이백순 당시 신한금융지주 부사장을 시켜 서울 남산 자유센터 주차장에서 이명박의 친형인 이상득 전 의원 쪽에 현금 3억 원을 전달했다는 의혹이었다. 당시 신한은행장 비서실 직원들에게서 '이백순과 함께 3억 원을 누군가에게 전달했다'는 진술이 나오면서 알려졌다.

이원석을 비롯한 수사팀 검사들은 2010년 9월 이런 내용의 진술을 확보하고도 45일이 지나서야 압수수색을 해 증거 확보의 적기를 놓쳤다. 또 라응찬, 이백순, 신상훈 등 핵심 관련자 세 명이 사용한 휴대전화는 압수 대상에서 제외했다. 신한은행 비서실을 압수수색한 결과 "정치인에 대해 진술하지 않는다면 정치자금법 위반을 적용할 수 없다"고 기재된 이백순의 자필 메모를 확보했음에도 이백순의 신병을 확보하는 등의 강제수사를 진행하지 않았다.[16] 검찰과거사위원회는 이런 사실들을 근거로 이 사건을 조사 대상으로 선정했다.

이원석은 이 일로 검찰과거사진상조사단의 조사를 받게 된다. 그는 서울중앙지검 특수1부장이던 2016년 10월 '박근혜-최순실 국정농단' 사건 당시 박영수 특별검사가 임명되기 전에 시작된 검찰 수사를 이끌었다. 박영수 특검이 "박근혜와 이재용 삼성 부회장의 뇌물 혐의 수사에 검찰 수사가 큰 도움이 됐다"라고 공언할 정도로 검찰의 초기 수사는 성공적이었다. 따라서 이원석으로서는 박근혜 탄핵에 자신의 공로가 적지 않다고 생각할 만했다.

이원석은 당시 청와대 비서실과 박근혜의 '문고리 3인방'이라 불린 정호성, 이재만, 안봉근(당시 청와대 비서관)의 집과 사무실을 전격적으로 압수수색했다. 당시만 해도 박근혜의 임기가 1년 4개월 넘게 남아 있었기 때문에 검찰이 현직 대통령의 비서실을 압수수색하는 것에는 상당한 용기가 필요했다. 이원석은 청와대 비서실에서는 안종범 당시 청와대 경제수석의 업무용 수첩을, 정호성의 집에서는 휴대전화 여덟 대를 압수했다. 안종범의 수첩은 손바닥만 한 크기로 모두 17권이었는데, 거기에는 2015년 1월부터 2016년 10월까지 있었던 청와대 수석비서관회의 내용과 대통령 지시 사항이 적혀 있었다. 정호성의 휴대전화 여덟 대 가운데 스마트폰 한 대와 폴더폰 한 대에서는 녹음파일 236개가 발견됐다.

이 파일들은 정호성이 박근혜와 최순실의 지시 사항을 제대로 기억하기 위해 녹음한 것이었다. 정호성과 최순실 사이의 대화 파일이 세 개였고, 박근혜, 최순실, 정호성 사이의 3자 대화가 녹음된 파일이 11개였다. 휴대전화는 모두 정호성의 집안 장롱 안에서 발견됐다고 한다. 휴대전화를 새 기종으로 바꾼 뒤 쓰던 것들을 버리지 않고 모아둔 것이 검찰의 수중에 넘어간 것이다. 수사의 단서는 종종 의외의 장소에서 발견된다. 안종범의 수첩과 정호성의 휴대전화는 나중에 박근혜의 뇌물수수 혐의를 밝히는 결정적인 단서가 된다.

이원석은 청와대를 압수수색할 때 법무부에 사전 보고를 하지 않았다. 청와대가 법무부를 통해 압수수색 정보를 입수해 미리 대비하지 못하도록 하려는 의도였다. 검찰이 청와대를 압수수색하면서 법무부에 미리 보고하지 않는 것은 이전까지는 상상조차 하기 힘든 행동이었다. 수사의 밀행성을 위해서는 보고하지 않는 게 원칙적으로 맞지만, 현실에서는 정권이 레임덕에 빠졌을 때나 할 수 있는 것이었다.

'남산 3억 원 사건'의 조사를 맡은 조사팀은 '김학의 사건'을 담당한 이규원이 소속된 조사8팀이었다. 이원석에 대한 조사는 민간인 조사단원 두 명(교수와 변호사)이 맡았는데, 이들은 누구를 신문해 본 경험이 없어서 검사인 이규원의 도움을 받아야 했다. 그러나 '이건희 삼성 회장 비자금 사건', '박근혜-최순실 국정농단 사건' 등 대형 사건의 수사를 많이 해본 이원석에게 민간인 조사단원들은 애초에 상대가 되지 않았다. 조사가 제대로 이뤄지려면 조사 대상자를 심리적으로 제압해야 했지만, 오히려 제압당한 쪽은 조사단원들이었다. 이원석은 시종일관 고압적인 태도로 조사단원의 질문을 맞받아쳤다.

이원석은 "3억 원 전달 부분에 대해서도 수사를 세게 했다. 하지만 이백순이나 신상훈이 그 부분에 대해 진술하지 않았다. 라응찬은 고령인 데다 일본 오사카에 살고 있어서 소환 조사를 할 수 없었다"라고 진술했다. 그는 "당시 이백순에게 끝까지 계속 수사할 것이라고 엄포까지 놓아 가면서 수사했다. 그렇게까지 했는데, 도대체 뭐가 잘못된 수사라는 거냐"라는 취지로 조사단원을 몰아붙였다. 그때 조사실 뒤편에서 이 과정을 지켜보던 이규원이 자리에서 일어나 이원석에게 조사단원에게 예의를 갖춰 달라고 정중하게 말했다. 사법연수원 기수가 한참 높은 선배 검사에게 후배 검사가 지적을 한다는 것은 검찰 조직에서는 상상하기 힘든 일이다(이원석과 이규원은 무려 9기수나 차이가 난다).

검찰과거사위원회는 검찰에 '남산 3억 원 사건'을 재수사할 것을 권고했다. 이원석은 당시 여러 경로를 통해 억울함을 호소했다. 그의 호소가 통했는지 최종적으로는 검찰의 재수사가 이뤄지지 않았다. 훗날 이원석은 윤석열 정부의 첫 검찰총장이 되었고 임기(2년)의 대부분을 이재명 대표를 비롯한 더불어민주당

의원들을 겨냥한 수사만 줄기차게 하며 보냈다. 마치 문재인 정권에서 검찰과거사진상조사단에 불려가 조사받은 것을 복수라도 하듯 집요하고 무자비했다.

2.

검찰의 반격

수상한 공익 신고자

문재인 정권이 후반기로 접어든 2020년 12월, 현재 권력과 미래 권력이 정면으로 충돌하는 사건이 발생한다. 바로 '추(미애)-윤(석열) 갈등'이다. 조국의 뒤를 이어 법무부 장관이 된 추미애는 여권 내 강경파의 지원을 받아 윤석열을 상대로 헌정사상 처음으로 검찰총장 징계를 청구한다. 이에 맞서 윤석열 사단은 법정 소송(징계효력정지 가처분신청 및 징계무효소송)과 함께 문재인 정권을 겨냥한 '탈원전 수사'로 맞선다. 이 싸움에서 윤석열이 법원의 도움*을 받아 승리한 것을 계기로 여론 지형이 확 바뀐다.

---

* 윤석열 검찰총장이 법무부의 징계 효력을 중지해 달라고 낸 가처분신청에 대해 법원은 2020년 12월 24일 윤석열의 손을 들어 준다. 이 결정으로 윤석열은 검찰총장 업무에 복귀하게 된다.

문재인 대통령에 대한 부정 평가가 긍정 평가를 훌쩍 앞질렀고, '정권 교체' 여론도 '정권 유지'를 앞서기 시작한다. 부동산 폭등과 정권 핵심인사들의 내로남불 행태에 실망한 여론이 윤석열 쪽으로 돌아선 것이다. '추-윤 갈등'에서 윤석열의 승리는 민주당의 정권 재창출 실패와 '검찰정권'의 등장을 알리는 예고편이었다.

검찰의 '김학의 불법출금 의혹' 수사는 이러한 정치적 격변기에 시작됐다. 윤석열 사단이 문재인 정권에 타격을 주려고 기획한 정치적 수사 가운데 하나였다. 국민의힘이 조력자로 나선 건 그런 맥락에서 당연했다. 2020년 12월 6일 주호영 당시 국민의힘 원내대표는 국회에서 긴급기자회견을 열고 "문재인 정권의 민간인 불법 사찰을 제보받았다"고 주장했다. 제보 내용은 '법무부가 일선 공무원을 동원해 김학의 전 법무부 차관의 실시간 출국 정보 등을 100여 차례 이상 불법으로 뒤졌다'는 것이었다. 그가 말하는 '일선 공무원'은 출입국관리본부 직원들을 가리켰다. 법무부가 출입국 업무를 담당하는 직원들을 시켜 김학의의 출국 여부를 조회한 것을 '민간인 사찰'로 규정한 것이다. 주호영은 "문재인 대통령 지시에 따라 법무부 장관 책임 아래 조직적으로 민간인 사찰이 진행됐다. 공익 제보자가 제보한 자료를 대검찰청에 넘기고 수사를 의뢰하겠다"라고 했다.

주호영의 기자회견은 '일단 지르고 보는' 여느 기자회견과 달리 내용이 알찼다. 그는 김학의에 대한 긴급출금 조처가 내려진 상황을 구체적으로 설명했다. "공익 제보자는 법무부 일선 직원들의 민간인 불법 사찰이 시작된 시점을 2019년 3월 20일로 적시했다. 3월 23일 밤 0시 8분 김 전 차관에 대한 긴급출국금지 조처가 내려지기 이전부터 민감한 개인정보인 실시간 출국 정보, 실시간 출국금지 정보를 수집하는 불법 행위를 되풀이했다. 문재인 대통령은 2019년 3월 18일 박상기 (당시) 법무부 장관, 김부겸 (당시) 행정안전부 장관을 불러 김학의 전 차관의 별장 성접대 의혹, 고 장자연 사건에 대한 철저한 수사를 지시했다. 공익 신고자는 법무부 일선 공무원들과 함께 박상기 전 법무부 장관, 김오수 전 법무부 차관, 차규근 전 법무부 출입국·외국인정책본부장을 피신고인으로 적시했다." 마치 직접 수사라도 한 듯 내용이 매우 구체적이고 논리적이었다.

주 의원은 "대통령 지시에 따라 법무부 장관 책임 아래 조직적으로 민간인 사찰이 진행됐다는 것이 공익 신고자의 양심선언이자 제보 내용"이라며, "대검에 요청한다. 왜 법무부 일선 공무원들이 평상시 반복된 교육을 통해 명백히 불법임을 인식하고 있는 민간인 사찰을 자행했는지, 왜 노후 공무원연금까지 포기하면서 범죄 행위에 가담하게 됐는지 규명해 달라"고 했다. 이어서 그는 "문 정권은 대통령이 좌표를 찍은 한 민간인을 대통령이 미워한다는 이유만으로 불법 사찰했다"며 "민주주의를 앞세운 정권의 반민주적 작태에 경악을 금할 길이 없다. 검찰의 수사가 미진하거나 부진하면 우리는 특검을 도입해서라도 끝까지 이 사건의 진실을 파헤치겠다"라고 목소리를 높였다.

민주화 운동 세력의 적통을 자처하는 정권에서 정치적 목적으로 검찰 고위간부 출신 인사를 사찰했다는 야당 원내대표의 기자회견은 여론을 자극하기 딱 좋았다. 군사독재정권 시절 정보기관의 사찰 대상이었던 민주화 운동 인사들이 대거 포진한 문재인 정권이 막상 정권을 잡자, 과거 자신들이 증오하고 혐오했던 민간인 사찰을 자행한다는 것은 이율배반적 행태가 아닐 수 없었다. 문재인 정권에 도덕적 비난을 가할 수 있음은 물론 정치적으로도 적잖은 타격을 줄 수 있는 이슈였다.

수사 아닌 공익 신고 택한 현직 검사

현 정권에 타격을 줄 수 있는 제보를 야당인 국민의힘에 건넨 공익 신고자는 '장준희'라는 현직 부장검사였다. 수사권과 기소권을 가진 현직 검사가 야당에 공익 신고를 한 것은 전례를 찾아보기 힘들다. 물론 현직 검사라고 해서 공익 신고를 하지 말라는 법은 없다. 하지만 마음만 먹으면 언제든지 수사를 개시할 수 있는 권한을 가진 검사가, 공익 신고에 따른 보복이나 불이익에 맞설 힘이 없는 일반인들을 보호하기 위해 만든 공익신고제도를 이용한 것은 아이러니하다.

더욱이 그 제보 내용의 배경은 자신이 안양지청 형사3부장으로 있을 때 직접 수사했던 것이었다. 공무원이 직무상 비밀을 외부에 누설하면 공무상 비밀 누설죄*로 처벌된다. 문재인 정권의 청와대 특별감찰반에 파견됐다가 내부 규정 위반으로 감찰을 받게 되자, 언론에 '청와대 윗선의 민간인 사찰 지시 의혹' 등을 폭로한 김태우 전 강서구청장이 대표적이다.** 그는 2023년 5월 18일 대법원에서 유죄(징역 1년·집행유예 2년)가 확정돼 구청장직을 상실했다. 김태우는 '국민의 알 권리를 위한 공익 신고'라는 취지로 주장했지만, 법원은 "피고인이 국민권익위원회 신고나 검찰 고발 등의 절차를 알고 있었음에도 객관적 사실에 추측을 더해 진실인 양 언론에 제보함으로써 논란을 증폭시킨 점 등

---

* 　형법 제127조(공무상 비밀의 누설) 공무원 또는 공무원이었던 자가 법령에 의한 직무상 비밀을 누설한 때에는 2년 이하의 징역이나 금고 또는 5년 이하의 자격정지에 처한다.

** 　검찰 수사관이었던 김태우는 2018년 12월~2019년 11월 청와대 특별감찰반에 파견 근무를 하다 내부 감찰을 받고 검찰로 복귀하게 되자, "청와대 윗선에서 민간인 사찰 지시가 있었다"라고 민간인 사찰 의혹을 제기했다. 청와대는 김태우의 폭로에 대해 "사실무근"이라고 일축하면서도, 그가 첩보 내용을 공개한 것에 대해 공무상 비밀누설 혐의로 검찰에 고발했다. 김태우는 이후 '환경부 블랙리스트' 의혹과 유재수 전 금융위원회 국장에 대한 '청와대 특감반 감찰 무마' 의혹 등을 언론에 폭로했는데, 이로 인해 각각 김은경 환경부 장관과 조국 민정수석이 직권남용 혐의로 검찰 수사를 받고 기소됐다. 김은경은 징역 2년의 실형이 확정돼 형기를 다 마치고 출소했다. 조국은 1심과 2심에서 입시비리 등의 혐의가 함께 인정돼 징역 2년을 선고받았고, 상고심 선고를 앞두고 있다. 대법원 1부(주심 박정화 대법관)는 2023년 5월 18일 공무상 비밀 누설 혐의로 기소된 김태우에게 징역 1년에 집행유예 2년을 선고한 원심을 확정했다.

에 비추어 보면, 죄책이 가볍다고 보기 어렵다"고 일축했다. 제보 내용이 사실과 거리가 먼 추측에 가깝고, 여론을 호도하기 위해 언론을 이용한 것은 '공익 신고'로 볼 수 없다는 취지다.

　장준희가 국민의힘에 제보한 지 한 달여 만인 2021년 1월 11일 《조선일보》는 그가 작성한 공익 신고서를 단독 입수했다며 제보 내용을 상세히 보도했다. 장준희는 앞서 2020년 12월 초 국민의힘에 제보한 뒤 2021년 1월 초에 국민권익위원회에 공익 신고를 접수한다. 그는 같은 달 20일에도 국민권익위에 2차 공익 신고를 한다.

　장준희의 제보 시점은 아주 절묘했다. 그의 제보를 받아 주호영이 긴급기자회견을 한 2020년 12월 6일은 전국법관대표회의가 열리기 전날이었다. 다가오는 법관대표회의는 당시 추미애가 청구한 윤석열의 징계 사유 가운데 핵심인 '판사 사찰'을 주요 안건으로 다루는 회의였다. 그리고 나흘 뒤인 10일에는 윤석열 검찰총장 징계위원회가 예정돼 있었다. 이런 상황에서 장준희의 제보는 윤석열 총장에게 가뭄 끝의 단비와 같은 호재가 될수 있었다. 윤석열을 압박하는 문재인 정권에 타격을 줄 수 있었기 때문이다. 공교롭게도 법관대표회의는 '판사 사찰'에 대해 별다른 대응을 하지 않기로 결정한다.* 각급 법원을 대표한 120명

＊　법관대표회의는 이날 윤 총장의 '판사 사찰'을 안건으로 상정해 논의한 뒤 공식 대응하지 않기로 결정했다. 이유는 "정치적 중립 의무를 준수해야 한다"는 것이었다. 이를 두고 "정치적 중립을 이유로 든 것 자체가 정치적"이라는 비판도 나왔다. 화상회의로 진행된 이날 회의에는 전체 법관대표 125명 가운데 120명이 참석했다.

의 판사는 검찰이 주요 재판부 판사들의 성향을 조사한 것을 심각한 사안으로 인식하면서도 '법관은 정치적 중립을 지켜야 한다'는 이유를 들어 안건을 기각했다. 또 윤석열은 검찰총장 징계위에서 정직 2개월의 징계를 받았지만, 2020년 12월 24일 서울행정법원이 징계효력정지 가처분신청을 인용해 준 덕분에 총장 자리에 복귀했다.

'불기소' 도장 찍고 '불기소 부당'을 주장하다

장준희의 제보에서 가장 문제가 되는 건 그 내용이다. 장준희는 자신이 주임검사로서 불기소결정에 서명했으면서도, 나중에 공익 신고를 할 때는 그 결정이 잘못됐다고 주장한다. 그는 법무부로부터 수사 외압을 받아 어쩔 수 없이 불기소결정에 동의했다고 주장하지만, 이는 설득력이 떨어지는 이야기다. 당시 법무부는 장관을 비롯한 주요 간부들이 비검찰 출신이던 탓에 수사 경험이 거의 없었다. 그래서 수사팀의 탄탄한 논리를 깰 역량이 부족했다. 또 법무부가 괜히 수사에 대해 이런저런 '주문'을 했다가는, 검찰개혁을 추진하는 정권이 수사에 외압을 행사하는 이율배반적 태도를 보인다는 역공을 당하기 딱 좋았다. 따라서 수사 논리가 조금만 탄탄하게 갖춰지면 법무부의 외압은 쉽게 무시할 수 있었던 분위기였다. 이런 상황인데도 주임검사가 불기소결정에 동의했다는 것은 그만큼 수사가 미진했거나, 아니면 처음부터 범죄가 성립되지 않는다는 판단을 내린 게 아니냐는 합리적 의심이 가능하다.

장준희가 이 사건을 맡게 된 것은 아이러니하게도 법무부의 수사 의뢰가 계기가 됐다. 법무부 출입국본부는 김학의의 해외 출국 시도가 무산된 지 나흘 만인 2019년 3월 27일 법무부 감찰담당관실에 감찰을 의뢰한다. '김학의의 해외 도피 시도는 출금이 안 된 사실을 사전에 알았기 때문에 가능했다'는 내용의 언론 보도를 보고 내부 감찰을 의뢰한 것이다. 감찰 결과, 출입국본부 직원이 아닌 공익 법무관 두 명이 김학의의 출입국 내역을 조회한 사실이 확인되자 법무부는 대검에 수사를 의뢰했다. 이들이 김학의에게 출금 관련 정보를 알려 줬는지, 그 이유는 무엇인지 등을 밝혀 달라는 것이었다. 대검은 이 사건을 법무부 출입국본부 소재지(경기도 과천)를 관할하는 안양지청에 배당한다.

그런데 사건을 맡은 안양지청 형사3부(부장검사가 장준희였다)는 수사의 성격을 확 바꾸어 버린다. 김학의에게 출금 관련 정보가 흘러 들어간 사건을, 출입국본부 직원들이 김학의의 출입국 기록을 무단으로 조회한 '민간인 사찰' 사건으로 탈바꿈시킨 것이다. 이는 김학의에 대한 긴급출국금지 조치를 허위공문서를 토대로 이뤄진 '공권력의 횡포'이자 '민간인 인권 침해'로 규정하는 방향이었다. 당시 김학의 사건을 조사하던 검찰과거사진상조사단을 못마땅하게 여긴 검찰 내부의 시각이 반영된 것이었다.

하지만 수사팀의 의도는 관철되지 못한다. 김학의에 대한 긴급출금을 대검 지휘부에서 승인했기 때문에 문제를 삼아서는 안 된다는 법무부의 항변을 안양지청 지휘부가 받아들였기 때문이다. 당시 이현철 안양지청장은 사법연수원 동기인 윤대진 법무부 검찰국장으로부터 김학의에 대한 긴급출금은 법무부와 대검 수뇌부, 서울동부지검 검사장의 승인 아래 이뤄진 일인데 왜 이규원 검사를 수사하느냐는 항의성 전화를 받았다. 이현철은 이 내용을 장준희에게 전달하면서, 이규원에 대한 수사를 중단하고 애초 법무부가 수사를 의뢰한 부분에 대해서만 조사하라는 취지로 지시한다. 장준희도 당시 서울동부지검장이던 한찬식과 통화를 하고 남긴 수사보고서에 "김학의 긴급출금이 대검의 승인을 받은 것으로 보고받았다"라는 한찬식의 진술을 기록으로 남겼다. 결국 장준희는 2019년 7월 3일, 법무부가 수사를 의뢰한 대상자와 이규원 등을 모두 불기소처분하는 내용의 수사보고서를 작성하고 여기에 서명까지 한다.

나중에 이 사건과 관련해 수사 외압을 행사한 혐의로 기소된 이성윤 검사장*에게 무죄를 선고한 1심 재판부는 장준희와 윤원일 등이 주장한 수사 외압에 대해 다음과 같이 판결한다.

안양지청에서 이규원 검사에 대해 수사 진행을 하지 못한 것은 피고인(이성윤) 외에도 윤대진 검찰국장의 전화, 대검 반부패부와 안양지청 사이의 의사소통 부재, **안양지청 지휘부의 자의적 판단에 따른 수사 중단 지시를 종합했다고 보는 것이 합리적이다.** 윤대진과 피고인(이성윤)으로부터 불법출금 당시 상황을 듣고 적절하지 않다는 자체적인 판단에 따라 수사를 진행하지 말 것을 지시했을 가능성이 충분하다.

장준희는 당시 안양지청 지휘부의 의견을 충실히 따랐다. 애초 이 사건의 주임검사는 윤원일이었으나 안양지청 지휘부와 수사팀 간에 이견이 생긴 뒤 장준희로 교체됐다. 장준희는 '불기소처분' 수사보고서에 서명한 다음 날인 2019년 7월 4일 이 수사보고서에 '(김학의 긴급출금은) 야간에 급박한 상황에서 관련 서류의 작성 절차가 진행되었고, 동부지검장에 대한 사후 보고가 된 사실이 확인되어 더 이상의 (수사) 진행 계획 없음'이라는 문

---

* 검찰 안에서 대표적인 '친문 검사'로 낙인찍힌 이성윤 검사장은 안양지청의 수사가 진행될 당시 대검 반부패부장이었다. 그는 김학의에 대한 긴급출금 사후 처리 업무를 조정하는 과정에서 안양지청이 이규원 검사를 수사하고 있다는 사실을 알게 됐다. 검찰은 수사 외압을 행사했다며 그를 기소했지만, 1심과 2심에서 모두 무죄가 선고됐다.

구까지 추가한다. 반면 그의 부하인 윤원일은 이규원에 대한 수
사 의지를 굽히지 않았다. 당시 수사팀 차원에서 공익 신고가 정
말 필요했다고 판단했다면 신고는 장준희가 아니라 윤원일이
했어야 맞다.*

윤석열 사단의 반격

법원의 가처분신청 인용 결정으로 기사회생한 윤석열 검찰총장
은 김학의 긴급출금 사건을 반격의 기회로 삼는다. 그는 《조선
일보》가 장준희의 공익 제보 내용을 단독 기사로 보도한 지 이
틀 만인 2021년 1월 13일, 국민의힘이 고발한 사건을 안양지청
에서 회수해 수원지검 형사3부(부장 이정섭)에 재배당한다.[1] 안양
지청이 수사를 제대로 안 한다는 이유였지만, 속내는 이정섭에
게 수사를 맡기려는 의도였다. 검찰에서 사건을 어느 부서에 배
당할 것인지는 일선 지검장의 권한이지만, 검찰총장 윤석열은
이정섭을 콕 집어 재배당했다.

*   장준희는 2021년 7월 15일 《조선일보》 인터뷰에서 "주임검사(윤원일)는 '김학의 불
    법출금'을 수사해야 한다는 소신을 굽히지 않았다가 교체됐는데, 담당 부장인 나는
    외압에 굴복해 실체를 밝히지 못했다. 나에게도 책임이 있었다"고 뒤늦게 사과했다.
    그는 "더 강하게 밀고 나가지 못한 것은 제 잘못이다. 회피할 생각은 없다. 다만 거악
    을 상대하는 범죄는 수사검사와 지휘 라인, 대검이 하나가 돼야 한다. 내부가 분열되
    면 수사 목표를 달성할 수 없다"고 했다.

그럴만한 이유가 있었다. 이정섭은 2020년 서울동부지방검찰청 형사6부장일 때 '유재수 전 금융위원회 국장 감찰 무마 의혹 사건'을 수사해 조국 전 법무부 장관을 직권남용 등의 혐의로 기소한 바 있었다. 유재수 사건은 당시 윤석열 사단이 조국을 겨냥했던 수사 가운데 '권력형 비리'에 가장 가까운 수사였다. 앞서 조국의 부인 정경심에 대한 수사는 자녀의 입시용 스펙의 진위를 가리는 수사로 권력형 비리와는 거리가 멀었다. 유재수 사건은 검찰의 조국 수사에 대한 명분을 확실하게 챙겨 준 수사였다. 그러니 윤석열에게 이정섭은 더할 나위 없이 믿음직한 후배였던 셈이다. 윤석열은 여기에 더해 사건을 대검 형사부가 아닌 특수 사건을 전담하는 대검 반부패·강력부가 지휘하도록 했다. 이종근 당시 대검 형사부장은 박상기 장관의 정책보좌관 출신으로, 검찰 내 '친문' 검사로 분류돼 믿을 수 없다고 판단한 것이다.

그런데 이정섭은 앞서 2019년 4월 여환섭이 이끄는 '김학의 특별수사단'에 파견돼 김학의를 뇌물수수 혐의 등으로 기소한 전력이 있다. 그뿐만 아니라 그는 이 사건의 재판에도 참여해 공소유지를 담당했다. '김학의 사건'과 '김학의 불법출금 의혹 사건'은 서로 대척 관계에 있는 사건이다. 게다가 이정섭이 김학의 긴급출금 사건을 재배당받은 시점(2021년 1월)은 '김학의 사건'의 피고인 김학의가 뇌물수수 혐의가 일부 인정된 항소심 판결 이후 법정구속된 채로 대법원 상고심 판결을 기다리고 있던 때였다. 다시 말해 윤석열은 아직 재판이 끝나지도 않은 김학의 뇌물 사건의 공소유지를 담당하고 있던 검사에게 성격이 정반대인 사건의 수사를 맡긴 것이다. 의도가 매우 불순한 재배당이었던 셈이다.

'김학의 사건'과 '김학의 불법출금 의혹 사건'에 대한 수사는 서로 이율배반적인 성격을 갖는다. 김학의가 성 접대 등의 뇌물을 받은 혐의가 인정돼 수사에 착수했다면, 김학의의 해외 출국을 막기 위해 긴급출금한 것을 수사하는 것은 자기모순이다. 검찰은 두 사건이 법리적으로 별개라고 주장하지만, 이는 궤변에 가깝다. 더군다나 두 사건을 한 검사가 맡아 하는 것은 명백한 '이해충돌'이다.

이정섭은 상반되는 두 사건의 수사에 순차적으로 참여해, 앞의 사건에선 김학의를 범죄 혐의가 있다고 판단해 기소했고, 뒤에 맡은 사건에선 '긴급출금 시점에는 김학의에게 범죄 혐의가 없었다'는 이유로 긴급출금한 이들을 기소한다. 만약 김학의에게 범죄 혐의가 없었다면 검찰은 김학의를 겨냥한 특별수사단을 만들지 말았어야 했다. 그러지 않고 특별수사단을 만들었다는 것은, 출범 전에는 없었던 김학의의 범죄 혐의가 특별수사단을 만든 이후 새로 생겼다는 말밖에 되지 않는다. 모순도 이런 모순이 없다. 김학의가 당시 해외로 출국해 버렸다면 특별수사단을 만들었더라도 그를 뇌물 혐의로 기소할 수 없었을 것이다.

2022년 8월 19일 이 사건 재판에 증인으로 출석했던 봉욱 당시 대검 차장검사는 김학의가 해외 도피를 시도하기 직전인 2019년 3월 20일 무렵에 이미 김학의에 대한 검찰 수사가 예정 돼 있었다고 증언했다. 검찰과거사진상조사단의 조사 내용이 언론을 통해 알려져 김학의 사건에 대한 재수사 여론이 고조되자, 문무일 검찰총장을 비롯한 대검 수뇌부가 검찰이 나서야 한다고 판단했다는 것이다. 재수사는 김학의의 범죄 혐의를 포착했다는 전제 아래 가능하다. 봉욱은 당시 대검에서 수사 시기와 주체에 대해 고민하고 있던 상황에서 예기치 않게 김학의의 해외 도피 시도가 벌어졌다고 했다.

'김학의 무죄' 원인 제공한 검사

이정섭은 김학의가 대법원에서 뇌물수수 혐의에 대해 무죄 판결을 받는 원인을 제공한 인물이기도 하다. 대법원이 김학의를 무죄 취지로 파기환송한 이유는 항소심 재판에서 이정섭이 검찰 측 증인인 건설업자 최 아무개 씨를 증인신문 직전에 사전 면담했기 때문이다.[2] 최 씨는 앞서 항소심 재판부가 김학의에게 유죄 판결을 선고하는 데 결정적 역할을 한 증인이었다. 그가 김학의에게 제공한 4300만 원 상당의 금품이 유죄로 인정된 것이다.

그러나 대법원은 최 씨 진술의 신빙성에 의문을 제기했다. 이정섭이 항소심 재판 증인신문에 앞서 최 씨를 면담하는 과정에서 그를 회유·압박했을 가능성이 있다고 본 것이다. 실제로 최 씨는 면담 뒤 항소심 증인신문에서 검찰과 1심 재판에서 한 진술을 뒤집고 김학의에게 불리한 진술을 했다. 대법원 3부(주심 이홍구 대법관)는 2021년 6월 10일 다음과 같이 판결했다.

> 검사가 공판기일에 증인으로 신청하여 신문할 사람을 특별한 사정 없이 미리 수사기관에 소환하여 면담하는 절차를 거친 후 증인이 법정에서 피고인에게 불리한 내용의 진술을 한 경우, 검사가 증인신문 전 면담 과정에서 증인에 대한 회유나 압박, 답변 유도나 암시 등으로 증인의 법정진술에 영향을 미치지 않았다는 점이 담보되어야 증인의 법정진술을 신빙할 수 있다고 할 것이다. 검사가 증인신문 준비 등 필요에 따라 증인을 사전 면담할 수 있다고 하더라도 법원이나 피고인의 관여 없이 일방적으로 사전 면담하는 과정에서 증인이 훈련되거나 유도되어 법정에서 왜곡된 진술을 할 가능성도 배제할 수 없기 때문이다. 증인에 대한 회유나 압박 등이 없었다는 사정은 검사가 증인의 법정진술이나 면담 과정을 기록한 자료 등으로 사전 면담 시점, 이유와 방법, 구체적 내용 등을 밝힘으로써 증명하여야 한다. (…)

검사는 제1심과 원심(항소심)에서 두 차례에 걸쳐 증인신문 전에 증인을 소환하여 면담하였다. 면담 과정에서 증인은 자신의 검찰 진술조서와 제1심 법정진술 내용을 확인하였을 뿐만 아니라 검사에게 법정에서 증언할 사항을 물어보기까지 하였다. 그리고 그 직후 이루어진 증인신문에서 수원지검 사건 및 차명 휴대전화와 관련하여 종전 진술을 번복하였고, 수원지검 사건에 대해서는 피고인에게 불리한 진술을 점점 구체적으로 하였다. 사정이 이러하다면 증인이 제1심과 원심 법정에서 진술하기 전에 검찰에 소환되어 면담하는 과정에서 수사기관의 회유나 압박, 답변 유도나 암시 등의 영향을 받아 종전에 한 진술을 공소사실에 부합하는 진술로 변경하였을 가능성을 배제하기 어렵다. 따라서 검사가 증인신문 전 면담 과정에서 회유나 압박 등으로 증인의 법정진술에 영향을 미치지 않았다는 점을 증인의 진술 등으로 증명하지 못하는 한, 원심이 제1심과 달리 유죄로 판단한 근거가 된 증인의 수원지검 사건 관련 법정진술 및 차명 휴대전화 관련 원심 법정진술은 신빙성을 인정하기 어렵다.(대법 2020도15891 판결)

검찰은 그동안 관행처럼 증인 사전 면담을 해 왔다. 검찰사건사무규칙에 나름대로 그 근거를 마련해 두기도 했다. 제189조(검사는 증인신문을 신청한 경우 증인 및 관계자를 상대로 사실을 확인하는 등 적절한 신문이 이루어질 수 있도록 필요한 준비를 할 수 있다)가 그것이다. 하지만 대법원은 이를 위법한 행위라고 판결했다. 재판에 나가 증언을 해야 하는 증인을 검사가 사전에 만나게 되면 피고인의 유죄를 뒷받침하는 쪽으로 증언해 달라고 회유하거나 압력을 가하기 위한 것으로 의심을 받을 수 있다는 이유에서였다. 재판이란 그 내용뿐만 아니라 절차도 공정해야 한다는 것이 대법원 판결의 취지였다.

'조국 사건' 재판부의 경고를 무시한 대가

이 무렵 이정섭은 다른 재판에서도 증인 사전 면담 문제로 재판부의 경고를 받은 상황이었다. 조국의 '직권남용 사건' 재판에서였다. 이정섭이 김학의 사건 항소심에서 증인 최 씨를 사전 면담한 시기는 그를 증인으로 신청한 2020년 6월 17일과 실제 증인신문이 이뤄진 8월 19일 사이였다. 그런데 같은 시기에 진행된 조국 사건 1심 재판에서도 이정섭은 증인을 사전에 접촉한 사실이 들통나 재판장(서울중앙지법 형사21부)에게 경고를 받은 것이다.[3] 김미리 부장판사는 2020년 6월 19일 "검사가 신청한 증인들은 검사이거나 수사관으로 장기 재직한 인물들이고 참고인 조사도 이미 마쳤다. 자칫 잘못할 경우 (증인 사전 면담은) 진술 회유의 의심을 살 수 있는 부분이 있다. 일반 사건과 달리 매우 조심스러운 접근이 필요해 보인다. 검사는 이 점을 유의해 증인 사전접촉을 피해 달라"고 지적했다. 민정수석 시절 조국이 유재수 전 금융위원회 정책국장에 대한 청와대 특감반 감찰을 무마했다고 증언한 이인걸 전 특감반장을 비롯한 특감반원들이, 법정에서 증인신문을 하기 전에 검사를 만난 것을 경고한 것이다. 검찰 수사관 출신인 특감반원들이 증인신문 전에 검사실을 찾아간 사실을 확인한 재판장이 '검사실에서의 조서 확인은 말 맞추기 의심을 살 수 있다'는 점을 지적한 것이었다. 재판장은 앞서 6월 5일 재판에서도 같은 문제를 지적했다.

이에 대해 이정섭은 "공익을 대변해 재판을 수행하는 검사가 검찰에 유리한 증언을 얻어내기 위해 증인을 상대로 회유할 수 있겠느냐. 증인으로 소환된 이들은 당시 본인의 진술을 확인하고 싶어서 열람·등사를 했다. 수사기관에 있던 증인들은 이 제도(검찰사무규칙의 증인신문 전 면담 규정)를 잘 알고 있다"고 주장했다. 그는 "재판장님이 이런 것을 처음 들었다는 것에 더 놀랐다"라며 재판장에게 면박을 주는 듯한 발언도 했다. 그러나 검찰사건사무규칙은 말 그대로 검찰의 내부 규정일 뿐이다.[4] 재판부가 이를 부당하다고 판단하면 그만이다. 그럼에도 이정섭은 재판장의 경고를 무시했다. 그는 조국 사건 재판에서 6월 5일과 19일 두 차례나 재판장의 경고를 받고도 이후 김학의 사건 재판에서 증인 최 씨를 사전 면담했다. 만약 이정섭이 조국 사건 재판장의 지적을 새겨들었다면 김학의 사건 재판에서 무죄 판결이 나는 일은 일어나지 않았을 것이다.

그때는 맞고 지금은 틀리다?

검찰의 흑역사를 바로잡을 기회를 날려 버린 검찰은 도리어 김학의 사건 재수사를 압박한 문재인 정권을 향해 칼을 휘두른다. 검찰은 장준희 수사팀(안양지청 형사3부)이 하려고 했던 '김학의 불법출금 의혹' 수사에 외압을 행사한 혐의로 이성윤 당시 서울중앙지검장을 겨냥한다. 이성윤은 문재인의 경희대학교 법학과 후배로 '문재인 정권의 황태자'라 불릴 정도로 검찰 내 최고 실세로 통했다. 검찰은 이 수사 역시 이정섭이 이끄는 수원지방검찰청 형사3부에 맡긴다.

이후 수원지검 형사3부는 긴급출금 관련 수사를 시작한 지 두 달 반 만인 2021년 4월 1일에 이규원과 차규근을 기소하고, 5월에는 이성윤을 기소한다. 그리고 대법원의 무죄 취지 파기환송 판결로 김학의가 풀려난 지 20일 만인 7월 1일 당시 청와대 민정비서관이었던 이광철을 기소한다. 수사팀이 이광철을 기소한 것은 이 수사가 겨냥하는 대상이 문재인 정권의 청와대라는 사실을 잘 보여 준다. 이광철은 문재인 정권 출범과 동시에 청와대 민정수석실에 들어와 조국 당시 민정수석과 함께 검찰개혁을 이끈 인물이었다. 조국이 검찰 수사로 낙마한 뒤에도 그는 청와대 민정수석실을 지키면서 검찰개혁이 좌초되지 않도록 키를 놓지 않았다. 그런 이광철을 검찰이 겨냥한 것은 곧 조국을 손보겠다는 의미였다.[*]

검찰이 하면 합법, 조사단이 하면 불법?

이정섭이 이끄는 수사팀이 김학의에 대한 긴급출국금지를 불법이라고 주장하면서 내세운 근거는 당시 김학의가 긴급출금 대상에 해당하지 않았다는 것이다. 출입국관리법(제4조의 6)은 긴급출금 대상을 "범죄 피의자로서 사형·무기 또는 장기 3년 이상의 징역이나 금고에 해당하는 죄를 범하였다고 의심할 만한 상당한 이유가 있는 사람"으로 명시하고 있다. 수사팀은 이 조항을 들어 당시 김학의가 형사 입건된 피의자가 아니었기 때문에 그

---

[*] 검찰이 '김학의 불법출금 의혹 사건'에서 조국을 등장시킨 것은 막상 재판이 시작된 뒤였다. 검찰은 1심 재판의 2차 공판준비기일을 앞두고 재판부에 공소장 변경을 신청하면서 조국이 당시 어떤 역할을 했는지 상세하게 기재했다. 이를 두고 언론들은 1심 재판에서 피고인들에게 유죄가 선고되면 조국을 추가 기소하려는 의도로 해석했다.

의 출국을 막은 것은 불법이었다고 주장한다. 이규원도 이런 사실을 잘 알고 있었기 때문에 긴급출국금지 요청서에 '가짜' 사건 번호를 기재하는 등 허위로 서류를 작성했다는 것이다.

하지만 수사팀의 이런 주장은 검찰이 그동안 긴급출금 제도를 운용해 온 것과 충돌한다. 검찰은 2012년 긴급출금 제도가 도입된 이래 피의자가 아닌 피내사자에 대해서도 긴급출금을 해 왔다. 피내사자는 정식으로 수사가 개시되기 전인 내사 단계에서 조사 대상에 오른 사람이다. 내사*는 범죄 혐의가 있는지 확인하기 위한 조사로 범죄 혐의가 있다고 인정될 때 개시하는 수사와 명백하게 구분된다. 따라서 내사 단계에서는 수사 단계에서 사용하는 압수수색이나 출국금지 등 강제수사를 해서는 안 된다. 범죄 혐의가 인정되지도 않았는데 헌법이 보장한 신체의 자유를 침해하는 것은 공권력 남용이다.

그러나 검찰은 그동안 이런 구분 없이 내사를 수사와 마찬가지로 진행해 왔다. 대표적인 사례가 2012년 '민주통합당 총선 예비후보 돈 봉투 의혹 사건'이다. 서울중앙지방검찰청은 2011년 12월 26일 민주통합당 예비경선장인 서울 양재동 교육문화회관의 CCTV를 통해 김 씨가 중앙위원들에게 봉투를 전달하는 장

---

* 검찰사건사무규칙(법무부령)과 경찰내사처리규칙(경찰청 훈령) 등을 종합하면, 내사는 '검찰이나 경찰이 범죄를 인지하기 전에 보도·풍설·진정·익명의 신고 등을 통해 범죄 혐의가 있는지를 확인하기 위해 수행하는 조사 활동'을 말한다.

면을 확인하고 이듬해 1월 31일 김경협 전 의원의 선거사무실을 압수수색했다. 당시 행사장에 있던 참가자들 사이에서 돈 봉투를 봤다는 전언을 첩보로 입수한 검찰이 내사 단계에서 강제수사를 한 것이다. 김 씨는 돈 봉투가 아니라 출판기념회 초청장이라고 반박했지만, 검찰은 압수수색에 이어 그를 소환하기까지 했다. 하지만 CCTV 분석 결과 김 씨의 주장대로 돈 봉투가 아닌 초청장이었음이 드러나자, 검찰은 2012년 2월 자신들의 실수를 시인하고 내사 종결을 발표했다.[5]

검찰이 이처럼 내사와 수사를 교묘하게 뒤섞어 진행해 온 이유는 내사 단계에서는 형사소송법의 통제가 상대적으로 약하기 때문이다. 강제성이 강한 수사를 내사로 포장하면 수사 활동에 대한 사법적 통제를 피하는 동시에 수사의 효율성을 강화할 수 있다.[6] 검찰은 내사 단계에서는 내사번호를, 수사 단계에서는 형제번호(경찰에서 송치된 사건 또는 범죄 혐의가 중한 사건에 붙이는 번호)나 수제번호(수사사건번호로, 혐의가 상대적으로 가벼운 사건에 붙인다)를 붙여 나름대로 엄격하게 관리한다고 주장하지만, 사건번호는 그냥 숫자일 뿐 강제수사 집행 여부를 판단하는 구속력 있는 기준은 아니다.*

---

* 2012년 개정 형사소송법 시행에 따라 개정된 검찰사건사무규칙은 검찰에서 수사를 진행할 때 내사사건(내사번호 부여)→수제사건(수제번호 부여)→입건(형제번호 부여) 절차를 밟도록 했다.

특히 긴급출금을 포함한 출국금지 조처는 내사 단계에서 무분별하게 이뤄져왔다. 긴급출금은 법무부 장관의 사전 승인 없이 수사기관의 자의적 판단으로 가능하기 때문에 대상 요건을 정식 입건된 피의자로 한정했지만, 실제 수사에서는 이 내용이 제대로 지켜지지 않았다. 대표적 사례가 노무현 전 대통령 친형인 노건평 씨 사건이다. 노건평은 2015년 '성완종 리스트 의혹 사건'*에 연루돼 검찰 수사 대상에 올랐다. 성완종 전 경남기업 회장은 노무현 정권 시절인 2005년과 2007년 두 차례나 특별사면을 받았는데, 두 차례 사면이 모두 노건평을 통한 로비로 가능했다고 검찰은 판단했다. 검찰은 전 경남기업 임원으로부터 노건평을 찾아가 성완종이 특별사면을 받을 수 있게 힘써 달라고 부탁했다는 진술을 확보했다고 주장했다. 이에 대해 노건평은 성완종 쪽 사람이 부탁을 한 건 맞지만 단호히 거절했다고 반박했다. 검찰은 노건평을 소환 조사한 뒤 공소시효 만료로 '공소권

* 이명박 정권 때 새누리당 의원을 지낸 성완종 경남기업 회장이 박근혜 정권 시절인 2015년 4월 검찰 수사를 받던 중 당시 여권 실세들에게 수억 원의 돈을 건넨 사실을 폭로한 뒤 극단적 선택을 한 사건이다. 검찰은 그해 3월 국무회의에서 박근혜가 비리 척결을 언급한 후 수사에 착수해 성완종의 사전구속영장을 청구했고, 성완종은 영장 실질심사를 앞두고 《경향신문》을 통해 '성완종 리스트'를 공개한 뒤 극단적 선택을 했다. 검찰은 홍준표 당시 경남도지사와 이완구 국무총리를 불구속기소하는 선에서 수사를 마무리했는데, 나중에 둘 다 무죄가 확정된다. 검찰은 리스트에 이름을 올렸던 허태열 전 대통령비서실장, 이병기 대통령비서실장, 새누리당 홍문종 의원, 서병수 부산시장, 유정복 인천시장 등 친박 핵심 인사들에 대해서는 전부 무혐의 처분했고, 김기춘은 공소권없음 처분했다.

없음' 처분을 내렸다.

노건평에게 문재인 사건번호를 붙인 이유

그런데 수사팀은 노건평을 긴급출금 할 때 긴급출국금지 요청서에 성완종 특별사면 의혹으로 앞서 고발된 문재인* 당시 새정치민주연합 대표의 사건번호 "서울중앙지검 2015형제3○○○"을 기재했다. 형제번호는 경찰이 '혐의있음' 의견으로 검찰에 송치한 사건에 붙는 번호로, 정식 입건된 피의자에게 부여하는 번호다. 노건평의 긴급출금요청서에 문재인의 사건번호를 기재한 것은 노건평이 당시 피의자 신분이 아니었기 때문이었다. 이사실은 노건평에 대한 긴급출금요청서의 요청 사유란에 노건평을 "피내사자"로 적어 놓은 것에서도 확인된다. 수사팀이 노건평의 긴급출금을 요청한 날짜는 2015년 6월 21일이지만, 노건평을 피의자로 입건해 사건번호 '서울중앙지검 2015형제5○○○○-○'을 붙인 날짜는 그 이튿날인 2015년 6월 22일이었다. 단 하루 차이이긴 하지만, 명백한 허위공문서였다. 노건평을 피의자로 입건하기 전 단계에서 긴급출금을 하기 위해 다른 사건

---

* 검찰은 성완종 특별사면 관련 수사에서 문재인 당시 새정치민주연합 대표와 이재정 전 통일부 장관에 대해 무혐의 처분을 내렸다.

의 사건번호를 도용한 셈이었다.

더구나 노건평은 두 번째 특별사면이 있던 2007년을 기준으로 7년의 공소시효가 이미 지나 수사를 해도 처벌할 수 없는 상황이었다. 따라서 검찰이 굳이 노건평을 피의자로 입건해 강제수사를 한 것은 '친박' 실세들에 대한 수사에 '물타기'를 하기 위한 것이라는 지적이 나왔다.[7] 검찰은 홍준표 당시 경남도지사와 이완구 국무총리를 불구속기소 했을 뿐, 리스트에 이름을 올렸던 허태열 전 대통령비서실장, 이병기 대통령비서실장, 새누리당 홍문종 의원, 서병수 부산시장, 유정복 인천시장 등 '친박' 핵심 인사들에 대해서는 전부 무혐의 처분했고, 김기춘 대통령비서실장도 '공소권없음' 처분했다.

당시 수사팀장이 바로 문무일이었는데, 그는 나중에 이성윤의 '수사 외압 의혹 사건' 재판에 증인으로 출석해 차규근을 비롯한 피고인들의 속을 뒤집어 놓는다. 그는 2022년 9월 2일 공판에서 "아무리 조사 대상자가 악인이라도 민주적 절차, 적법한 형사소송 절차를 거쳐야 하는데 왜 건너뛰었는지가 의문"이라고 말했다. 그는 "당시 절차상 문제가 있다는 생각은 우리 같은 업무를 하는 사람은 대개 안다"며 "알고 있다기보다 '절차상 문제가 있는데'라는 의심을 강하게 품고 있었던 것이고, 행위의 옳고 그름을 따질 때 옳지 않다고 말하기 쉽지 않아 언급을 안 하려고 했던 기억이 있다"고 했다.[8] 그의 증언은 노건평 수사 때와는 전혀 다른 잣대를 적용한 것이었다.

검찰이 다른 사건번호로 피내사자를 긴급출금 한 사례는 이 외에도 많다. 검찰은 심지어 요청 사유란에 '중요 참고인'이라고 기재한 참고인에 대해서도 긴급출금을 했다. 이뿐만 아니라 경찰 수사를 지휘할 때도 피의자 여부를 따지지 않고 긴급출금을 승인해 왔다. 차규근*은 출입국본부장을 지낸 전문가답게 2012년 긴급출금 제도가 도입된 이후 검찰이 조처한 긴급출금 사례 총 109건(경찰 수사지휘 사례 포함)을 전수조사했다. 그 결과, 검찰이 피내사자와 참고인을 대상으로 한 긴급출금은 모두 17건이었고, 피의자 여부와 무관하게 경찰 수사지휘를 한 사례는 이보다 더 많았다. 차규근은 전수조사 결과를 수사팀에 모두 제출했지만, 이정섭이 이끄는 수사팀은 이를 무시하고 2021년 3월 2일 차규근에 대해 구속영장을 청구했다. 법무부 고위 간부인 차규근은 도주는 물론이고, 출입국 관련 기록 등 각종 증거가 전산 시스템에 그대로 남아 있기 때문에 증거인멸 우려도 없었다. 그의 영장은 당연히 기각됐다.

---

* 차규근은 2006년부터 2011년까지 6년 동안 법무부 출입국외국인정책본부 국적난민과장을 지낸 뒤 문재인 정권 출범 첫해인 2017년 9월부터 이 사건으로 기소된 2021년 4월까지 출입국본부장을 지냈다.

긴급출국금지 도입 배경도 몰랐던 수사팀

검찰이 긴급출금을 이처럼 무분별하게 운용해 온 것은 이 제도의 도입 배경을 살펴보면 이해가 간다. 긴급출금은 애초 출국금지 조치가 남발되는 것을 막기 위해 이 절차에 영장주의를 도입하려는 과정에서 우연히 생겨났다. 2009년 당시 민주당 정책위 의장이었던 박지원 의원은 출국금지를 법원의 영장을 받아서 하도록 하는 내용의 형사소송법 개정안을 대표 발의한다. 이에 대해 법무부는 '출국금지 처분은 내사 단계에서와 같이 수사 초기 단계에서 주로 이뤄지고 있으므로, 법원의 영장에 의한 출국금지를 도입하게 되면 수사 초기 단계에서 영장 청구의 시간적 여유가 없어 범죄자가 외국으로 도주하는 것을 막지 못하는 경우가 발생할 수 있다'[9]는 내용의 의견서를 제출한다. 이후 2010년 18대 국회 사법개혁특별위원회(사개특위) 검찰 소위원회에서 당시 황희철 법무부 차관은 다음과 같은 의견을 밝힌다.

> 출국금지는 우리 헌법에서 열거하고 있는 체포·구속·압수수색에 해당하지 않는 행정처분입니다. 행정처분에 대해서 영장주의를 적용하는 것은 유례가 없다고 생각이 되고요. 출국금지에서 꼭 필요한 것은 신속성입니다. (⋯) 신속성을 요하는데 영장을 발부받아야 된다면 신속한 출국금지가 될 수가 없지

않나, 이런 문제점 때문에 저희는 신중한 검토가 필요하다고 생각합니다.

출국금지는 압수수색 등과 같은 강제수사가 아니라 행정처분일 뿐이고 신속성이 중요하기 때문에 영장주의를 도입해서는 안 된다는 주장이다. 그런데 일선 수사기관인 경찰은 오히려 박지원 의원의 개정안에 찬성 의견을 내는데, 그 이유도 신속성 때문이었다. 당시 경찰청 차장이던 모강인은 이렇게 주장했다.

> 근본적으로 출국금지 처분은 거주 이전의 자유라는 국민의 기본권을 중대하게 침해한다고 보기 때문에 법관에 의해서 통제가 돼야 한다고 생각합니다. 다만 현재는 경찰이 수사 과정에서 출국금지 필요성이 제기되면 검사의 지휘를 받아서 경찰청장이 법무부 장관에게 요청하게 되어 있는데, 법무부 의견대로 출국금지가 행정처분이라면 검사의 사전지휘 절차가 불필요하다고 생각되고, 또 그렇게 하는 것이 신속성의 원칙에도 부합한다고 생각합니다.

모강인의 주장은 검사의 요청에 따라 법무부 장관이 승인하면 바로 출금이 되는 검찰과 달리, 경찰이 출국금지를 하려면 검사의 수사 지휘라는 단계를 거쳐야 하기 때문에 오히려 신속한 출금에 방해가 된다는 것이다. 법무부의 주장대로 출국금지가 행정처분에 불과하다면 경찰이 굳이 검사의 수사지휘까지 받을 필요가 있느냐는 것이다. 경찰이 곧바로 법무부에 출금을 요청할 수 있도록 하면 더욱 신속하게 처리할 수 있다는 주장이었다.

하지만 국회 사개특위는 출국금지 과정에서 검사의 수사 지휘 단계를 빼 달라는 경찰의 요구를 받아들이지 않았다. 그 대신 경찰이 요구한 신속한 출국금지가 가능하도록 제도를 보완하는데, 이게 바로 긴급출국금지 제도다. 이런 도입 배경에 따라 수사 초기 단계(내사 단계)에서 수사 대상자가 해외로 출국하지 못하도록 막는 수단으로 긴급출금을 이용해 온 것이다.

검찰은 2020년 6월 법무부 산하 법무·검찰개혁위원회가 출국금지 대상을 '피의자'로 한정할 것을 권고한 것에 대해, 형사입건 여부와 같은 형식적인 기준에 따라 출국금지 가능 여부를 정하는 것은 적절하지 않다며 반대 의견을 냈다. 법무·검찰개혁위원회는 법무부 장관에게 검찰개혁을 위한 여러 제도 개선안을 권고하기 위해 만든 기구였다. 위원회는 출국금지를 신체의 자유를 제한하는 강제수사에 해당하는 조처로 보고 검찰개혁 차원에서 출국금지 대상을 축소하는 방안을 추진했다. 이에 대해 검찰은 '위원회의 개선안에 의하면 수사 진행상 혐의가 분명해지기 이전 단계에서 출국금지를 위한 불필요한 입건이 남발

되어 오히려 인권침해 소지가 더 커질 수 있다'고 반박한다. 또 '실무상 피혐의자의 해외 도주로 형사사법의 집행이 현저히 곤란해지는 것을 방지하기 위해 수사 초기부터 신속하게 출국금지할 필요성이 있는 사안이 많다'고 주장하기도 했다.

그러나 이정섭이 이끄는 수사팀은 이러한 긴급출금의 도입 배경과 내력조차 제대로 알지 못하고 있었다. 수사팀은 2022년 9월 7일 재판부에 제출한 의견서에서 긴급출금 제도는 긴급한 상황에서 승인권자의 사전 승인 없이 이뤄지는 일반 출국금지 제도의 예외로서 운영되는 제도이므로 긴급출금의 대상자 요건인 '범죄 피의자' 역시 그 문언에 따라 엄격히 해석되어야 한다고 주장했다. 앞서 차규근이 검찰에 제출한 긴급출금 전수조사 결과와 검찰이 그동안 밝혀온 입장과는 전혀 다른 주장이다.

게다가 이정섭 수사팀의 견해는 당시 김학의 긴급출금 직후 대검이 검토했던 유권해석과도 충돌했다. 대검 반부패·강력부는 김학의를 긴급출금 한 이튿날인 2019년 3월 24일 대검 마약·조직범죄과장이 작성한 보고서를 토대로 유권해석을 내렸다. 이 보고서는 피내사자에 대한 긴급출국금지가 가능한지를 집중적으로 검토했는데, 결론은 "가능하다"는 것이었다. 보고서는

"범죄 인지의 개념을 판례*의 태도와 같이 실질적 개념으로 봐서 출입국관리법이 규정하고 있는 범죄 피의자 개념을 피내사자 등에게도 확대 적용되는 것으로 해석하는 경우 긴급출국금지는 일응 적법한 것으로 볼 수 있음"이라고 결론 냈다. 반드시 형사입건된 경우에만 피의자로 볼 게 아니라 실질적으로 수사가 시작됐으면 그에 따른 수사 행위가 불법이 아니라는 대법 판례에 따라 긴급출금은 피내사자에게도 적용할 수 있다는 취지였다. 김학의는 당시 정식으로 형사입건된 상태는 아니었지만, 검찰의 재수사가 사실상 예정된 상황에서 해외로 출국하려는 그를 출금한 것을 불법으로 볼 수 없다는 뜻이었다.**

문무일 검찰총장을 비롯한 검찰 수뇌부는 이 보고서를 토대

* 이 보고서에서 인용한 판례는 대법원 89도648이다. 범죄 피의자에 대한 실질설을 주장하는 이 판례의 내용은 다음과 같다. "(…) 범죄의 인지는 실질적 개념으로서, 검찰사건사무규칙의 규정은 검찰 행정의 편의를 위한 사무처리절차 규정이므로 검사가 그와 같은 절차를 거치기도 전에 범죄 혐의가 있다고 보아 수사를 개시하는 행위를 한 때에는 이때 범죄를 인지한 것으로 보아야 하고, 그 뒤 범죄 인지서를 작성하여 사건 수리 절차를 밟은 때에 비로소 범죄를 인지하였다고 볼 것은 아니다."

** 하지만 이 보고서 작성자인 이 아무개 당시 대검 마약·조직범죄과장은 나중에 말을 바꾼다. 그는 2022년 8월 12일 '김학의 불법출금 사건'의 수사를 막은 혐의(직권남용)로 기소된 이성윤 검사장의 재판에 검찰 쪽 증인으로 출석해, "범죄 피의자의 개념을 피내사자까지 확대 적용할 수 없다는 것이 개인적인 생각"이라고 말했다. 그는 "긴급출금은 인권침해 요소가 많기 때문에 일반 출금보다 요건이 더 엄격해야 한다고 생각한다"라며 "피내사자까지 확대하는 것은 취지에 안 맞을 수 있다는 생각이 있기는 했다"고 밝혔다. 그런데도 '확대 적용'을 전제로 보고서를 작성한 데 대해서는 "이미 (법무부 등에서) 적법하다고 하고 있는데 확대 적용하면 안 된다는 생각으로 공식적 보고서에 그대로 담기에는 부담이 됐다"라고 말했다.

로 김학의 긴급출금을 적법한 것으로 판단했다. 이 사실은 이 사건 재판에 증인으로 출석한 김태훈 당시 대검 정책기획과장의 증언으로도 확인된다. 대검 정책기획과장은 검사 인사와 법령 개정 등 검찰의 주요 업무를 총괄 기획하는 자리로 법무부 검찰과장과 함께 핵심 보직으로 꼽힌다. 김태훈은 당시 검찰과거사 진상조사단을 지원하는 업무를 총괄하고 있었다. 김태훈은 변호인 반대신문과 재판장의 주신문에서 다음과 같이 증언한다.

> 변호인: 문찬석(대검 기획조정부장)은 '2019년 3월 25일 검찰총장과 대검 차장이 참석한 조회에 배석해서 김학의를 긴급출금한 사실을 보고했고, 총장은 특별히 다른 걸 더 확인하라는 지시 없이 보고받았다'라고 진술하고 있는데, 이런 상황이라면 적어도 대검 차원에서 김학의 긴급출금 전반에 대해 문제가 없다고 판단했다고 봐도 되는 건가?
>
> 김태훈: 증인의 경험으로는 그렇다.
>
> 변호인: 증인도 당시 검찰총장의 후속 조치 사항을 별도로 전달받거나 한 적이 없나?
>
> 김태훈: 없다.
>
> 변호인: 2019년 3월 24일 자《한겨레》기사를 보면, 당시 대검은 진상조사단 검사(이규원)가 동부지검 검사로서 긴급출금을 요청할 수 있어서 적법했다고 판단한 것으로 보이는데 증인의

기억도 그런가?

김태훈: 대변인실하고 반부패부하고 같이 대응한 것으로 짐작되는데, 하여튼 그 부분(적법 여부)에 문제가 있다고 하지 않았을 것 같다.

(…)

변호인: 이규원 검사는 긴급출금 이후에 2년 가까이 지나는 동안 본 건(김학의 불법출금 의혹) 수사 시작 때까지 아무런 감찰을 받은 바가 없는데, 적어도 긴급출금에 관해 대검 수뇌부는 그 조치가 적법했다고 판단한 걸로 봐도 되나?

김태훈: 특별히 문제가 없다고 판단했던 것 같다.

(…)

변호인: 피고인 이규원은 당시 동부지검 검사직무대리 자격인데, (그렇다면) 동부지검장의 재가 없이 업무(긴급출금)가 진행됐다는 거다. 그런 경우에도 적절한 선조치와 후보고가 이뤄졌다면 동부지검 직무대리 자격에서 대검 수뇌부의 지시 사항을 전달받아서 예외적으로 긴급출금 업무를 수행한 것이 적법할 수 있다는 의미인가?

김태훈: 그렇게 생각한다.

변호인: 검찰 공소장의 주장과 같이 김학의 긴급출금 전반에 위법 요소가 있었다면 당시 보고받은 총장은 즉각 이규원 등 관련자들에 대해 직무감찰을 지시하는 게 마땅한가?

김태훈: 그건 의무다.

미운털이 박힌 이광철

이정섭의 수사팀은 김학의에 대한 긴급출금이 그동안 검찰이 해 오던 관행을 따랐다는 사실이 드러났음에도 이를 무시했다. 이른바 확증편향의 덫에 빠진 것이다. 확증편향은 현재 가지고 있는 기존 신념, 기대, 가설에 들어맞게 편파적인 방식으로 증거를 찾거나 해석하는 경향을 이르는 말이다.[10] 대개 사람들은 자신이 지지하는 이론과 서로 충돌하는 증거가 나타나도 이를 무시하고 기존의 신념을 지키려고 한다. 나중에 모순되는 증거에 관해 질문을 받으면 해당 증거를 기억하지 못하거나, 기존의 신념을 재확인하는 증거로 왜곡해서 기억하기도 한다.[11] 특히 형사 사법 제도는 이런 오류에 빠지기 쉽다. 검사나 형사는 어떤 사건에 대해 자신의 기존 신념을 확증시켜주는 증거(증인)를 믿는 경향이 강하다.[12] 반대로 수사의 가설에 맞지 않는 증거는 배척하려고 한다.

　이정섭의 수사팀이 딱 그랬다. 노건평의 사례처럼 김학의 긴급출금보다 더한 사례들이 버젓이 있었는데도 자기들이 하는 수사와 그 사례는 전혀 무관하다거나, 심지어 수사의 정당성을 뒷받침하는 증거라고 우겨댔다. 수사팀은 노건평에 대한 긴급출금에는 형제번호가 붙었지만, 김학의에는 가짜 내사번호를 붙였기 때문에 두 사안이 전혀 다르다고 주장했다. 하지만 노건평 사건에 붙인 형제번호는 문재인의 사건번호였기 때문에 사실상 가짜 사건번호였다. 그런데도 수사팀은 '김학의 긴급출금은 불법, 노건평 긴급출금은 합법'이라는 견해를 굽히지 않았다. 수사팀의 이런 태도는 처음부터 목표를 정해 놓고 수사를 진행한 탓으로 보인다. 문재인 정권의 검찰개혁을 청와대에서 막판까지 주도한 이광철을 반드시 기소하는 게 수사팀의 목표였다.

이광철은 문재인의 청와대 참모 가운데 조국과 함께 검찰의 미움을 가장 많이 받았던 인물이다. 그는 조국과 함께 검·경수사권 조정, 공수처 설치 등 검찰개혁의 실무 작업을 추진하면서 검찰과 크고 작은 갈등을 빚었다. 2022년 9월 30일 이 사건 공판에 증인으로 출석한 이용구 당시 법무실장은 다음과 같이 증언하기도 했다.

변호인: 2018년경부터 법무부에서 어떤 소문이 돈다. '(검찰이) 이광철은 나중에 꼭 손을 볼 것이다'라는, 이런 소문을 들은 적이 있나?
이용구: (그런) 소문을 들었다.
변호인: 차규근 피고인은 윤대진 검찰국장이 그런 말을 한 것

으로 기억하는데, 증인은 혹시 누가 그런 말을 했는지 기억나나?

이용구: 윤 국장이 그런 얘기를 하고 다닌다는 얘기를 소문으로 접했다.

이광철과 윤대진의 갈등은 검찰개혁에 대한 청와대와 검찰의 입장을 각자 관철하는 역할을 맡은 데서 비롯됐다. 검·경수사권 조정과 공수처 설립은 검찰의 기득권을 침해하는 사안이기 때문에 검찰의 비위를 거스를 수밖에 없었다. 검찰은 최대한 기득권을 지키기 위해 호시탐탐 빈틈을 노렸고, 청와대는 이런 검찰의 저항을 제압하려고 애썼다. 이광철과 윤대진은 자신이 속한 조직을 위해 각자 창과 방패의 역할을 톡톡히 했다. 그런 갈등을 겪는 과정에서 개인적 감정도 나빠진 것이다.

이광철이 검찰에 미운털이 박힌 데에는 그의 과거 경력도 한몫했다. 이광철은 변호사 시절 공안검사들에게 '공공의 적'과 같은 존재였다. 그는 여러 공안사건에서 검사들과 법리적으로 맞짱을 뜬 실력파 변호사였다. 동시에 그는 행동파 법조인이었다. 참여연대 실행위원과 민주사회를위한변호사모임(민변) 사무차장을 지내며 여러 시위와 집회를 기획해 언론의 주목을 받았다. 그가 집회 현장에서 검찰 수사의 허점을 날카롭게 지적하는 장면은 방송 뉴스와 신문 기사의 단골 소재였다.

공안검사에게 가장 까다로운 변호사가 법리와 여론전에 두

루 능한 변호사다. 공안사건은 일반 형사사건과 달리 확실한 물증이 없어서 그만큼 여론전이 중요하다. 판사들이 아무리 여론의 영향을 받지 않으려고 해도 물증이 없는 상태에서는 여론을 의식하지 않을 수 없다. 검찰이 유독 공안사건에서 언론을 통한 여론 몰이를 많이 하는 이유다. 이런 탓에 국정원이나 검찰 수사 단계에서 떠들썩하게 보도됐던 간첩 사건이 나중에 재판이 끝나면 시시한 사건으로 드러나는 경우가 많다. 공안사건 피고인들을 오랜 기간 변론해 온 민변 변호사들은 이런 사실을 잘 알고 있었다. 그래서 수사와 재판에서 벌어지는 법리 싸움뿐 아니라 법정 밖의 여론전에도 적극적으로 대응했다.

이광철과 공안검찰이 제대로 맞붙은 사건은 2011년 '왕재산 사건'이다. 서울중앙지검 공안부는 국정원과 함께 이명박 정권 말기의 레임덕 상황에서 대규모 간첩단을 적발했다고 발표한다. 이들이 북한의 지령을 받아 반국가단체인 왕재산*이란 지하 혁명조직을 결성해 국내 정치 동향과 군사정보 등을 빼돌리고 진보정당을 상대로 포섭 공작을 벌였다는 것이다. 검찰은 IT업체 대표 등 다섯 명을 구속기소했는데, 이들에게 사형이나 무기징역까지 선고할 수 있는 반국가단체 구성 혐의를 적용했다.** 고

---

*   '왕재산'은 함경북도 온성의 산 이름으로, 북한에서는 김일성이 항일무장투쟁을 했던 지역이라며 '혁명 성지'로 꼽는 곳이다.

**   국가보안법의 반국가단체 구성죄는 주범인 대표에게 사형 또는 무기징역, 간부는 사형 또는 징역 5년, 일반 구성원도 징역 2년 이상의 무거운 처벌을 받는다.

작 다섯 명으로 국가를 전복하려고 했다는 검찰의 발표는 선뜻 믿기 어려웠지만, 보수언론들은 과거 냉전 시대의 향수에 젖은 듯 "민혁당 사건* 이후 12년 만의 반국가단체 사건"이라는 검찰의 발표 내용을 대서특필했다.

그러나 법원은 1, 2, 3심 모두 반국가단체 구성 혐의에 대해 증거불충분으로 무죄를 선고했다. 검찰이 '반국가단체 지하당'이라고까지 한 왕재산이라는 단체는 실체가 없다고 판단한 것이다. 다만, 법원은 이들이 해외에서 북한 공작원을 만나거나 이적표현물을 소지했다는 검찰의 주장은 받아들여 각각 집행유예부터 징역 7년까지의 형을 선고했다. 변호인단은 검찰이 피고인의 컴퓨터 등에서 확보했다고 주장한 디지털 증거 자료가 진짜 피고인의 것이라는 사실이 입증되지 않았다고 반박했지만, 재판

---

* 민혁당은 '주사파 대부'였다가 전향한 김영환이 1992년 김일성 주체사상을 지도이념으로 창당한 지하 전위당이다. 정식 당명은 민족민주혁명당이다. 김영환은 1991년 북에 건너가 김일성을 만난 뒤 창당을 승인받았다고 한다. 그러나 김영환은 1997 북의 현실에 실망해 주체사상을 버리고 당을 자진 해산했고, 이에 핵심 간부 대부분이 함께 전향하거나 탈당했다. 그렇게 잊히는 듯했던 민혁당은 1998년 전남 바닷가에서 격침된 북한 반잠수정 안에서 민혁당 정보가 담긴 수첩이 발견되면서 대대적인 수사를 받게 된다. 김영환과 민혁당 중앙위원이었다가 변호사로 활동 중이던 박 아무개 씨 등은 수사에 적극 협조해 공소보류 처분을 받았지만, 이석기는 민혁당 경기남부위원장으로 활동한 혐의로 기소돼 2003년 3월 서울고법에서 징역 2년 6개월의 유죄 판결을 받았다. 이석기는 참여정부 때인 2004년 사면·복권돼 2012년 통합진보당 비례대표 의원이 되지만, 2013년 '통진당 내란음모 사건'으로 구속기소돼 징역 9년형이 확정된 후 옥살이를 하다가 2021년 12월 가석방됐다.(〈민혁당과 주체사상, 위험한 질문에 답하다〉,《한겨레21》914호, 2012년 6월 7일.)

부는 이를 받아들이지 않았다.* 어쨌든 검찰 수사의 핵심인 반국가단체 구성 혐의는 전혀 근거 없는 것으로 드러났기 때문에 검찰은 체면을 구기게 되었다.

이광철은 또 희대의 간첩 증거조작 사건인 '서울시 공무원 간첩 조작 사건'에서 장외 여론전의 선봉에 섰다. 이 사건은 화교 출신 탈북자 유우성이 서울시 계약직 공무원으로 일하던 2013년 2월 국정원과 검찰에 의해 간첩 혐의로 구속기소됐으나, 항소심에서 국정원이 증거로 제출한 중국 공문서가 조작된 사실이 드러나 간첩 혐의에 대해 무죄가 선고된 사건이다.** 이광철은 유우성의 변호인은 아니었지만, 민변의 여론전을 이끌었다. 그는 2014년 3월 3일 민변이 개최한 '서울시 공무원 (유우성

*   '왕재산 사건'은 디지털 자료의 증거능력 인정 문제가 쟁점이 됐다. 검찰이 법정에 제시한 증거는 피고인에게 압수한 컴퓨터 하드디스크와 각종 파일의 출력물들, 그리고 USB 메모리, 피고인들이 중국에서 북한 공작원을 만나는 장면을 찍은 사진 등이었다. 그러나 문제의 하드디스크가 피고인들의 컴퓨터에서 나온 것인지는 제대로 확인되지 않았다. 또 검찰이 제시한 사본이 원본과 같은 것인지도 불확실했고, 그 원본이 진짜 원본인지도 의심스러웠다. 변호인들은 이런 의문점들이 해소되지 않으면 증거로 채택해서는 안 된다고 주장했지만, 재판부는 변호인의 주장을 받아들이지 않았다. 재판부는 오히려 변호인이 재판 진행을 방해한다며 불쾌하게 반응했다.(〈당신을 간첩 만들지 모를 지문 없는 하드디스크〉, 《미디어오늘》, 2013년 1월 18일.)

** 검찰은 2013년 2월 유우성을 구속기소하면서 유우성이 서울시에서 새터민 관련 업무를 하면서 탈북자 정보를 북한에 넘겼다고 주장했다. 하지만 재판 과정에서 국정원이 중국 공문서인 유우성의 출입경기록 등 세 건의 서류를 조작한 사실이 드러났다. 대법원은 2015년 10월 29일 상고심 선고 공판에서 유우성의 간첩 혐의에 대해 무죄를 확정했다. 다만 유우성의 여권법·북한이탈주민보호법 위반, 사기 혐의만 유죄로 인정해 징역 1년·집행유예 2년을 선고했다. 반면 조작된 증거를 법원에 제출한 국정원 직원은 모해증거위조 혐의가 유죄로 인정돼 대법원에서 징역 4년이 확정됐다.

씨) 간첩 조작사건 위조 증거 제출 규탄 기자회견'에서 발언자로 나서 다음과 같이 검찰을 공격했다.

> 검찰은 국정원이 제출한 서류가 위조인지 확인해 보기는커녕 오히려 국정원이 문서 조작 사실을 감추기 위해 또다시 위조한 문서를 버젓이 법정에 제출해서 변호인의 주장이 거짓이라고 주장하는 작태를 보였다.
>
> 검찰의 기소와 공소유지 과정을 한마디로 정리하면, 사실상 (국정원은) 공범이었다. 검찰은 이미 1심 재판 때부터 (이것이) 조작된 서류라는 걸 알고 있었고, 유우성씨가 간첩이 아니라는 여러 정황과 진술들을 확인했음에도 기소를 강행했다. 검찰은 정말 용서할 수 없는 만행을 저지른 것이다.
>
> 검찰은 비겁하고 기회주의적이며 조폭 양아치와 같은 행태를 보였다. 국정원 같은 권력기관에 꼬리 내린 강아지처럼 굴었다.[13]

당시 민변의 공세는 검찰에 엄청난 스트레스를 줬다. 민변 변호사들은 검찰 조사실에서 피의자의 방어권을 놓고 검사들과 자주 충돌했다. 변호사들은 자신의 의뢰인이 불리한 진술을 하지 않도록 진술거부권과 묵비권을 적극적으로 활용했는데, 검사들은 이를 수사를 방해하기 위한 전략으로 봤다. 이런 갈등 속에 검찰이 민변 변호사들에 대한 징계를 신청하는 사건이 일어난다. 2014년 11월 서울중앙지검은 민변 소속 변호사 일곱 명을 대상으로 대한변호사협회(변협)에 징계를 신청했다. 징계 사유는 두 가지였다. 첫 번째는 2013년 7월 쌍용자동차 정리해고 규탄 집회에서 경찰의 과도한 집회 통제에 항의하다 물리적 충돌을 빚은 권영국, 김유정, 김태욱, 송영섭, 이덕우 변호사에 관한 것이었다. 경찰관들에게 폭력을 행사한 혐의로 기소된 이들이 변호사법의 '품위유지 의무'(변호사법 제24조 1항)를 위반했다는 것이다. 또 다른 사유는 김인숙, 장경욱 변호사가 변호사법의 '진실 의무'를 위반했다는 것이었다. 김인숙은 세월호 집회 관련 피고인들에게 묵비권을 강요했고, 장경욱은 그해 10월 대법원에서 간첩 혐의가 유죄로 확정된 피고인에게 거짓 진술을 강요했다는 주장이었다. 하지만 변협은 이들의 행위가 변호사의 정당한 변론 활동에 해당한다고 판단해 검찰의 징계 신청을 기각했다.[14]

이광철은 검찰의 징계 신청 대상에서 빠지긴 했지만, 징계 대상 변호사들 못지않게 검사들에겐 요주의 인물이었다. 탄탄한 법리와 뛰어난 언변으로 재판과 장외 여론전에 두루 능한 변호사는 검사들에게 눈엣가시 같은 존재였다. 따라서 이광철이 문재인 정권 출범과 동시에 청와대 민정수석실 선임행정관에 임명되자 검찰은 긴장할 수밖에 없었다. 조국 민정수석을 도와 검찰개혁의 실무를 주도하게 될 그가 몰고 올 파장이 어느 정도일지 쉽게 가늠할 수 없었기 때문이다. 학자 출신인 조국보다 실제 현장에서 검찰과 맞붙어 본 경험이 있는 이광철이 검찰로선 더 버거운 존재였다. 특히 검찰의 기득권을 최대한 방어해야 할 윤대진에게는 대학 때부터 친분이 있던 조국보다 이광철이 더 신경 쓰이는 존재였다.

윤대진과 이광철이 실제로 충돌한 일도 있었다. 2018년 6월 21일 검찰개혁의 첫 단계인 검·경수사권 조정안이 발표*된 직후 법무부 검찰국은 새 조정안에 따라 관련 법 개정안을 위한 TF를 구성한 뒤 법안 초안을 만들어 박상기 장관의 결재를 받았다. 윤대진은 법안 초안을 청와대 민정수석실에 보고하기 위해 TF를 담당한 검찰과장을 청와대로 보냈다. 민정수석인 조국에게 확인을 받기 위한 것이었다. 그런데 조국에게 보고되기 전에 선임행정관으로서 법안 초안을 검토한 이광철이 제동을 걸었다. 검찰과 경찰이 애초 합의한 것과 일부 다른 내용이 들어 있었기 때문이다. 이광철은 앞서 발표한 검경 합의문 초안을 직접 작성했기 때문에 법무부의 꼼수를 정확하게 집어낼 수 있었다. 이광철은 검찰과장에게 합의안과 다른 부분을 수정한 뒤 다시 가져올 것을 요청했다.

---

* 　2018년 6월 21일 이낙연 국무총리와 박상기 법무부 장관, 김부겸 행정안전부 장관, 조국 청와대 민정수석이 참석해 '검·경수사권 조정 합의문'을 발표한다. 주요 내용은 '경찰은 1차 수사에서 보다 많은 자율권을 갖고, 검찰은 사법 통제 역할을 충실히 한다. 두 기관은 지휘·감독의 수직적 관계를 벗어나, 상호 협력 관계로 설정한다'였다.

이 소식을 들은 윤대진은 화가 머리끝까지 났다. 청와대 선임 행정관이 법무부 장관의 결재까지 받은 초안에 퇴짜를 놓은 모양새가 돼 버렸기 때문이다. 윤대진은 가만히 있지 않았다. 그는 대학 선배인 조국에게 자초지종을 설명하고 이광철의 법안 초안 수정 요구는 월권행위라고 항의했다. 며칠 후 조국은 이광철을 불러 "장관 결재까지 받은 법무부 초안을 다시 써오라고 했다면서요?"라고 심각한 표정으로 물었다. 이광철은 깜짝 놀랐다. 초안의 일부 내용이 애초 합의안과 맞지 않아 수정을 요구했을 뿐인데, 마치 청와대 행정관이 법무부를 상대로 갑질을 한 것처럼 부풀려졌기 때문이다. 얼마 후 한낱 청와대 행정관이 법무부 장관의 결재까지 받은 법안을 퇴짜 놨다는 소문이 이광철의 귀에까지 들리기 시작했다. 이광철을 박근혜 정권 당시 '왕수석'이라 불린 우병우 전 청와대 민정수석에 빗대는 말도 나돌았다. 이 악의적인 마타도어의 발원지는 윤대진이 지휘하는 법무부 검찰국이었다.

이광철의 '갑질' 논란은 청와대 민정수석실과 법무부의 특수한 역학 관계에서 비롯된 측면도 있다. 청와대 선임행정관은 고위공무원단에 속하는 2~3급의 일반직 또는 별정직 공무원이지만, 국정 업무와 관련해서는 일반 행정부처의 차관 또는 1급 실국장을 상대한다. '대통령의 참모'라는 위상이 있기 때문이다. 그 가운데서도 민정수석실 선임행정관은 더욱 힘이 셌다. 민정수석실이 공직 감찰 기능을 갖고 있기 때문이다.

그런데 법무부와의 관계에서는 조금 달랐다. 민정수석실 선임행정관이 주로 상대하는 법무부 간부는 국장급이 아닌 과장급이었다. 그 이유는 민정수석실 선임행정관이 그동안 검찰 출신들이 주로 가는 자리였기 때문이다. 나중에 검찰에 복귀할 경우 선배도 몰라본다는 식으로 조직에 찍히는 일이 없도록 알아서 몸을 낮춘 것이다. 법무부 검찰국장은 청와대 민정수석실 선임행정관보다 한참 선배이기 때문에 직접 상대하기도 쉽지 않았다.

그러나 검찰 출신이 아닌 이광철은 검찰 조직의 눈치를 볼 필요가 전혀 없었다. 그는 법무부 간부들을 상대할 때도 전혀 주눅들지 않았다. 윤대진은 그런 이광철을 괘씸하게 생각했다. 윤대진은 스스로 조국을 비롯한 '친문'들의 신임을 받고 있다고 생각했기 때문에 이광철은 안중에도 없었다. 그는 자신이 상대해야 할 청와대 인사는 조국 민정수석이라고 여겼다.

이광철에게 경고를 보낸 윤석열

이광철이 윤석열 사단에 결정적으로 찍힌 사건은 2019년 3월 검찰과거사위원회의 '김학의 사건' 재조사 국면에서 발생했다. 그해 3월 14일 민갑룡 경찰청장은 국회 행정안전위원회 전체 회의에 출석해 '김학의 동영상'에 대해 '별장 동영상에 나온 남성이 김학의 전 차관이라는 것을 육안으로 봐도 식별할 수 있다'라는 취지의 발언을 했다.

> 김민기(더불어민주당): 원본 영상을 찾아냈는데 이건 누가 봐도 김학의 차관이기 때문에 아예 계측 비교 시험도 의뢰하지 않았다는 얘기죠?
>
> 민갑룡(경찰청장): 네, 5월에 입수한 건 육안으로도 인물 식별이 가능해서 바로 감정 의뢰 없이 (검찰에 넘겼습니다).
>
> 김민기: 그런데 이것이 (검찰에서) 무혐의 처리됐는데 왜 경찰은 가만있었어요?
>
> 민갑룡: 저희도 당시에 많은 문제를 제기했고…[15]

민갑룡의 이 발언이 있고 나서 이광철은 경찰청의 윤 아무개 총경으로부터 한 통의 문자메시지를 받았다. 민갑룡의 발언이 담긴 뉴스 링크와 함께 전달된 메시지는 "민 청장이 발언을 잘하지 않았느냐"라는 것이었다. 이에 대해 이광철은 "만시지탄"이라고 답했다.[16] 당시 검찰과거사위의 김학의 사건 재조사가 지지부진한 상태였기 때문에 민갑룡이 진작에 이 발언을 했으면 더

좋았겠다는 취지였다. 이 문자메시지는 당시 버닝썬 사건*을 수사하던 경찰이 윤 총경의 휴대전화를 압수해 포렌식 작업을 한 결과 드러났다. 경찰은 버닝썬 사건 주범들의 대화에서 '경찰총장'으로 등장하는 윤 총경의 비위 혐의를 수사하기 위해 영장을 청구하면서 이 메시지를 서울중앙지검에 넘겼다. 당시 윤석열 서울중앙지검장은 이 보고를 받고 불같이 화를 냈다. 윤석열은 자신의 측근인 박형철 청와대 반부패비서관에게 '이광철의 경거망동을 좌시하지 않겠다'는 취지의 경고 메시지를 보냈다. 이 사건으로 이광철은 윤석열 사단에 완전히 찍히게 된다.

검찰이 자기 조직에 대한 도전을 응징하는 방식은 매우 독특하다. 합리적 토론은 아예 배제하고, 상대를 '문제아'나 '조직 부적응자'로 만들어 따돌림을 당하게 만든다. 이런 방식으로 해결될 것 같지 않은 상대는 '악마화'하여 척결해야 할 대상으로 만든다. 이광철이 바로 악마화된 대표적 피해자다. 청와대 민정수석실 선임행정관은 대통령의 참모로서 청와대의 의사 결정에 매우 중요한 역할을 하기 때문에 각 부처의 업무가 대통령의 국정 철학과 맞지 않을 때 얼마든지 의견을 낼 수 있다. 청와대 선임행정관과 의견이 다르면 토론을 통해 이견을 해소하려고 노

---

* 버닝썬은 서울 강남 소재 어느 호텔의 나이트클럽 이름이다. 2019년 1월 이 나이트클럽에서 발생한 폭행 사건을 처리하는 과정에서 경찰과 이 업소 간의 유착과 마약·성범죄·조세 회피·불법 촬영물 공유 혐의가 드러났다. 가수 승리와, 이 사건의 관련자들이 나눈 대화에서 "경찰총장"으로 등장하는 윤 아무개 총경 등이 기소됐다.

력하는 게 바람직하다. 하지만 검찰은 대화나 토론할 생각은 하지 않고 자신이 가진 힘을 이용해 이광철을 제압하려고 애썼다.

검찰 조직에서 일어난 또 다른 대표적 '문제아 만들기' 사례는 임은정 검사에 관한 것이다. 임은정 검사는 2012년 과거사 사건 재심 공판에서 상관의 백지 구형* 지시를 따르지 않고 무죄를 구형했다는 이유로 이듬해 정직 4개월의 징계를 받았으나, 2017년 대법원에서 징계 취소 확정판결을 받았다. 무죄가 선고되어야 할 재심 사건에서 검사가 무죄를 구형한 것은 징계받을 행위가 아니라는 판결이었다. 그러나 검찰 수뇌부는 '내부고발자' 역할을 자임한 임은정에게 징계를 내렸을 뿐만 아니라 그를 다양한 방식으로 괴롭혔다. 대표적인 것이 검사 적격심사 제도였다. 적격심사는 검찰총장을 제외한 모든 검사에 대해 임명 후 7년마다 심사를 받도록 한 제도다. 대부분은 심사를 통과하지만, 일부 극소수 검사들은 따로 심층 적격심사 대상으로 분류된다. 분류된 이들은 특별사무감사를 받게 되는데, 만약 감사 결과 해당 인물에게 문제가 있다고 판단되면 사안이 적격심사위원회

---

* 백지 구형은 검사가 피고인의 유무죄 여부와 형량에 대해 특별한 의견이 없으니 법원이 알아서 형을 정해 달라는 의미로 재심 사건이나 재정신청 사건에서 관행적으로 해 왔다.

로 넘어가고, 여기서 의결을 거쳐 퇴출 여부가 결정된다.* 검찰
이 2004년 이 제도를 도입한 이래 적격심사에서 탈락한 검사는
2014년 임은정의 무죄 구형을 지지하는 글을 내부게시판에 올
린 박 아무개 검사가 유일했다. 그는 이 조처에 불복해 낸 소송
에서 승소해 2018년 4월 복직했다. 이처럼 적격심사 제도는 검
찰 수뇌부에게 눈엣가시 같은 검사를 쫓아내기 위한 제도로 악
용돼 왔다.

  검찰은 임은정을 2016년과 2023년 두 차례나 적격심층심사
대상에 올렸다. 그가 과거 법무부에 의해 '우수 검사'로 선정되
는 등 업무 능력을 인정받은 점을 고려하면 명백한 표적 심사였
다. 임은정은 "나는 혼외자도 없고 별장 성 접대를 받지도 않았
다. 그런 분들이 검찰총장, 법무부 차관도 하는 걸 문제 삼은 내
가 번번이 (적격심사에) 회부되는 게 과연 옳은가. 누가 누구의 적
격을 심사한다는 건지 황당하다"라는 뼈 있는 말을 남겼다.[17]

---

* 검찰 적격심사위원회는 법무부 장관이 위촉하는 사람 두 명과 법무부 장관이 지명하
  는 검사 네 명과 함께 대법원장이 추천하는 법률전문가 한 명, 대한변호사협회장이
  추천하는 변호사 한 명, 교육부 장관이 추천하는 법학교수 한 명 등 총 아홉 명으로
  구성된다. 재적 의원 3분의 2 이상의 찬성으로 의결된다.

'불법출금' 프레임을 퍼뜨린 보수언론

장준희의 내부고발로 시작된 검찰 수사는 보수언론에 의해 '김학의 불법출금 의혹 사건' 수사로 불렸다. 언론이 기사에서 쓰는 사건의 이름은 검찰 수사의 목적과 방향을 드러낸다. 언론은 검찰이 수사에 착수할 때 사건에 대해 대략 설명한 내용을 토대로 이름을 짓는다. '김학의 불법출금 의혹'이라는 말에는 김학의에 대한 긴급출금이 불법 행위였다는 전제가 깔려 있으며, 검찰 수사는 이 불법 행위를 누가 지시했고, 여기에 누가 가담했는지를 밝히는 쪽으로 진행될 것을 암시한다.

이정섭의 수사팀은 2021년 1월 21일 대검 반부패부를 압수수색한다. 앞서 윤석열 검찰총장이 이 사건을 안양지청에서 수원지검으로 재배당한 지 일주일 만이었다. 수사팀은 이 압수수색에서 당시 한 대검 연구관(검사)이 작성한 자료를 확보했다. 대검에서 검찰과거사진상조사단 지원 업무를 담당하는 이 검사가 "차장님, 반부패강력부장님이 상의해서 출금하는 방향이 맞을 것 같다고 하셨다고 들었음"이라고 쓴 메모와, "대검은 긴급출국금지가 필요하다는 보고를 받고 이를 승인하였음"이라고 정리한 대응 문건이었다. 작성된 날짜는 2019년 4월 6일로 김학의에 대한 긴급출금 후 14일이 지난 시점이었다. 메모에 나오는 '차장'은 봉욱 (당시) 대검 차장이고, '반부패강력부장'은 이성윤 (당시) 대검 반부패강력부장이다. 당시 대검 수뇌부가 김학의 긴급출금을 아무 문제가 없는 것으로 판단했음을 보여 주는 물증이었다.

그러나 수사팀은 2021년 3월 2일 차규근에 대해 구속영장을 청구한다. 2019년 당시 검찰 수뇌부의 판단은 전혀 고려하지 않고 수사팀이 애초 구상한 대로 '김학의 긴급출금은 불법'이라는 전제 아래 작성한 구속영장이었다. 이규원의 긴급출금 요청이 불법인 줄 알면서도 이를 승인해 준 것은 직권남용에 해당한다는 게 수사팀의 주장이었다. 하지만 차규근의 영장은 법원에서 기각된다. 긴급출금 요청서를 비롯한 주요 증거가 모두 출입국관리본부의 전산 시스템과 법무부, 대검에 그대로 남아 있기 때문에 증거인멸을 할 수도 없고, 또 무죄를 강하게 주장하는 마당에 굳이 도주할 이유도 없었기 때문이다.

차규근은 영장실질심사 당일(2021년 3월 5일) 법정에서 영장전담판사에게 과거 검찰이 긴급출금을 한 사례(검찰이 직접 하거나 경찰의 긴급출금을 지휘한 사례) 42건을 제출했다. 이 중에는 김학의 사례처럼 긴급출금 요건을 지키지 않은 사례들이 여럿 포함됐다. 차규근은 앞서 검찰에 두 차례 소환돼 조사받을 때도 각각 43건(1차 조사)과 15건(2차 조사)의 사례를 수사팀에 제출했는데, 모두 합쳐 100건에 이르는 사례 가운데 17건이 김학의와 마찬가지로 '정식 입건된 피의자'가 아닌데도 긴급출금 된 사례였다.

이처럼 피의자에게 유리한 증거가 수두룩한데도 수사팀은

4월 1일 차규근과 이규원을 불구속기소한다. 수사의 목적에 맞지 않는 증거들은 아예 쳐다보지도 않는 일종의 터널 시야*에 갇힌 것이다. 자동차를 몰고 터널을 지나갈 때 운전자는 저 멀리 터널 출구에 보이는 한 줄기 빛만 응시한 채 간다. 칠흑같이 어두운 터널 속에서 운전자의 시야에는 터널 끝 불빛 외에 아무것도 들어오지 않는다. 운전자는 이 빛만 보고 가야 터널을 빨리 빠져나갈 수 있다고 생각하기 쉽다. 하지만 터널 시야에 빠지면 오히려 상황 판단 능력이나 주변 이해 능력이 떨어져 사고 위험이 더 커진다. 수사팀이 바로 이런 오류에 빠진 것이다. 구속영장 기각은 지금까지의 수사 방향을 재검토할 좋은 기회인데도 수사팀은 궤도 수정 없이 애초의 방향대로 수사를 밀고 나갔다.

수사는 곧바로 탈이 났다. 수사팀은 차규근 등을 기소하기 전에 봉욱을 서면 조사해서 '이규원 검사의 김학의 긴급출금 요청 사실을 보고받은 기억이 없다'는 취지의 답변을 받았다. 그러나 차규근 등을 기소한 지 한 달여 만인 2021년 5월 4일 수사팀은 봉욱에게서 '윤대진으로부터 김학의 긴급출금 관련 내용을 보고받고 문무일 검찰총장에게 이를 보고하는 문자메시지를 발견했다'는 연락을 받는다. 봉욱이 당시 문무일에게 보낸 문자메시지는 다음과 같았다.

---

* 눈앞의 상황에 집중하느라 주변의 현상을 제대로 이해하거나 파악하는 능력이 떨어지는 것을 일컫는다.

총장님, 윤대진 국장으로부터 김학의 검사장이 출국수속을 밟는 것을 출입국 직원이 확인해 급히 긴급출금 조치를 했다는 보고를 받았습니다. **과거사진상조사단 이규원 검사로 하여금 내사번호를 부여하게 하고 출금 조치를 했다고 해 이성윤 반부패부장으로 하여금 검찰국과 협의해 불법 논란이 없도록 필요 조치를 하도록 지시한 상황입니다.** 상세 내용은 내일 다시 보고 드리겠습니다. 봉욱 올림.

이 문자메시지는 김학의의 해외 출국을 제지한 직후인 2019년 3월 22일 밤 11시 35분에 발송된 것이다. 당시 봉욱을 비롯한 검찰 수뇌부가 김학의에 대한 긴급출금을 추인한 뒤 이를 검찰총장에게 사후 보고하는 내용의 문자메시지였다. 봉욱과 이성윤 등 대검 수뇌부는 이규원의 긴급출금 요청에 대해 법적으로 문제가 없다고 판단했음을 입증하는 증거였다. 실제로 봉욱은 수사팀이 이 문자메시지를 뒤늦게 발견하게 된 이유를 묻자, 당시는 물론 그 이후에도 긴급출금 조치의 불법 여부가 문제 된 바없었기 때문에 윤대진한테서 전화를 받았던 사실도 기억나지 않고, 총장한테 문자를 보낸 것도 전혀 기억에 없었다는 취지로 진술했다. 검찰총장을 비롯한 대검 수뇌부가 김학의에 대한 재수사를 진행하려고 논의하고 있던 상황에서 김학의가 한밤 출국을 시도하는 전혀 '예기치 않은 일'이 벌어졌기 때문에 긴급출금을 불가피한 조치로 이해했다는 것이다.

수사팀이 차규근과 이규원을 재판에 넘긴 뒤에 발견된 봉욱의 문자메시지는 이들에 대한 기소가 무리한 것이었음을 방증했다. 당시 대검 수뇌부가 추인한 긴급출금을, 2년여가 지난 뒤 문재인 정권이 레임덕에 빠진 틈을 이용해 불법이라고 주장하면서 기소하는 건 정당한 검찰권 행사로 볼 수 없었다. 수사팀은 봉욱의 사무실로 찾아가 휴대전화 제출을 요청했다. 봉욱이 누구와 통화했고 어떤 문자메시지를 주고받았는지 샅샅이 확인하려는 것이었다. 그러나 휴대전화 포렌식이 당사자에게 얼마나 위험한지 잘 아는 봉욱이 이에 응할 리 없었다. 수사팀은 하는 수 없이 봉욱이 지켜보는 데서 그의 휴대전화를 열람했다. 압수해 포렌식하는 대신 열람만 했기에 이미 삭제한 통화 내역과 문자메시지를 확인할 수는 없었다. 봉욱은 수사 검사에게 '당시 긴급출금 조치에 문제가 있다고 생각하지 않았다'라는 취지의 답변을 반복했다.* 만약 긴급출금에 문제가 있다고 판단했다면 나중에 이규원에 대한 수사나 감찰을 했을 텐데 당시에 '그런 의견도 전혀 없었다'고 말했다. 그러나 봉욱의 진술은 수사팀의 수사

---

* 봉욱은 법정에서 다음과 같이 증언한다. "긴급출국금지 조치 여부를 떠나서 만약 그런 상황이 발생할 것을 미리 확실히 알았다면 어떻게든지 출국금지 조치를 했을 것으로 생각됩니다." "당시 상황에서는 수사 주체가 어느 쪽으로 되든지 수사 자체는 해야 하는 것으로 다들 생각하고 있었습니다." "당시는 수사를 바로 앞두고 있었던 상황이었고 중요한 이슈였다고 생각합니다."

방향에 별다른 변화를 주지 못했다.

"이규원이 검찰을 살렸다"

이 사건의 핵심 인물인 윤대진은 이정섭의 수사팀에 골치 아픈 존재였다. 윤석열 사단에서 좌장 역할을 했던 윤대진은 윤석열 대통령이 문재인 정권에서 검찰총장까지 오르는 데 가장 큰 역할을 했다. 윤대진은 이정섭과 함께 근무한 인연도 있었다. 2012년 대검 중수부 첨단범죄수사과장을 맡았을 때 후배 검사인 이정섭과 함께 '저축은행 비리'를 수사해 이철규 당시 경기경찰청장(현 국민의힘 의원)을 구속했다. 검찰에서 큰 수사를 함께 한 검사들은 동고동락의 과정을 겪으면서 각별한 사이가 되는 게 일반적이다. 따라서 이런 사적인 인연이 있으면 공정한 수사를 위해 수사를 회피하는 게 맞지만, 이정섭은 그렇게 하지 않았다.

윤대진은 봉욱을 비롯한 사건 관련자들의 증언과 객관적 상황에 전혀 맞지 않는 진술을 했다. 윤대진은 첫 조사 때 봉욱에게 전화로 보고한 사실이 없다고 진술했다가 봉욱이 문무일에게 보낸 문자메시지가 발견된 뒤에 봉욱에게 전화했으나 통화가 안 된 것으로 기억한다는 내용으로 말을 살짝 바꿨다. 하지만 당시 김학의의 출국을 제지하기 위해 취한 조치가 긴급출금인 줄은 몰랐다고 했다. 자신은 '장관 직권으로' 출국금지가 된 것으로 알고 있었다는 것이다. 장관이 직권으로 출국금지를 하는 것은 법적으로 전혀 문제가 없다. 윤대진의 진술은 장관을 앞세워 자신의 법적 책임을 피하려는 의도로 보인다. 하지만 사달은 항상 예기치 않은 데서 나기 마련이다. 윤대진은 자신의 사법연수원 동기가 법정에서 '윤대진 국장은 긴급출금이라는 사실을 알고 있었다'라는 취지의 진술을 하는 바람에 곤경에 처한다.

이 진술의 주인공은 '김학의 불법출금 의혹 사건'이 처음 배당된 안양지청의 이현철 지청장이었다. 그는 2022년 4월 15일 이규원에 대한 수사를 방해한 혐의(직권남용 권리행사방해)로 기소된 이성윤 전 서울고검장(법무연수원 연구위원)의 재판에 증인으로 출석해 "2019년 6월 윤대진한테서 '긴급출금은 법무부와 대검 간 이야기가 다 돼 이뤄진 일이니 이규원 검사를 문제 삼지 말아달라'는 취지의 전화를 받았다"라고 진술했다. 두 사람의 통화는 안양지청 수사팀이 출입국관리본부 직원들을 불러 조사한다는 보고를 받고 화가 난 박상기 장관이 윤대진에게 자초지종을 알아보라고 지시해서 이뤄진 것이었다.

이현철의 진술은 김학의 출국을 막은 조치가 '긴급출금'이라는 사실을 윤대진이 정확하게 알고 있었음을 보여 준다. 검찰의 주요 사안을 총괄했던 검찰국장이 긴급출국금지와 일반 출국금지를 구별하지 못했다는 건 이해하기 어려운 변명이었다. 심지어 윤대진은 연수원 동기인 이현철에게 이규원의 무고함을 역설하기까지 했다. 이현철은 "윤대진이 '봉욱 대검 차장이 김학의 긴급출금을 승인했는데 왜 문제를 삼나? 검찰이 크게 욕먹을 뻔했는데, 이규원 검사가 잘해서 검찰이 살았다'는 취지로 말했다"라고 진술했다. 이현철은 윤대진이 한술 더 떠 "이규원을 입건하려면 나를 먼저 기소하라"는 말까지 했다고 덧붙였다.

무용담처럼 자랑하더니

더욱이 윤대진은 당시 김학의의 해외 출국을 막은 것을 오롯이 자신의 공로인 것처럼 주변에 자랑하기까지 했다. 김학의의 해외 출국 시도가 무산된 2019년 3월 23일 정오에 박균택 당시 광주고검장 아들의 결혼식이 대검청사 별관 예식장에서 열렸다. 윤대진은 이 자리에서 하객으로 참석한 검찰 선후배들에게 자신이 대검과 긴밀하게 소통하면서 긴급출금 승인을 받아 낸 것처럼 자랑했다. 윤대진은 이틀 뒤 법무부 간부회의 자리에서도 자신의 무용담을 자랑했다. 이용구는 2022년 9월 30일 이 사건 재판 증인으로 출석해 다음과 같이 증언한다.

변호인: 윤대진은 그 후 법무부 검찰국에 근무하는 검사들에

게 자신이 한 역할을 무용담처럼 자랑했다는데 알고 있나요?

이용구: (검사들에게 자랑한 것은) 전해 들은 이야기라서 말씀드릴 건 없고, 월요일(2019년 3월 25일) 오전 간부회의 때 (윤대진이) 무용담을 얘기했습니다. 각자 위치에서 소임을 다한 것인데 어떤 사람은 겸손을 떠는 사람이 있고, 어떤 사람은 굉장히 크게 과장하는 사람도 있는데, 윤대진은 좀 무용담을 과장하는 편이었다고 이해하면 될 것 같습니다.

일반적으로 수사 대상자가 객관적 상황과 다른 진술을 하는 경우 일부러 거짓말을 하는지 추궁하고 확인하는 게 수사의 기본이다. 거짓말을 한다는 것은 증거인멸의 의도가 있는 것이고, 증거인멸은 공범일 가능성이 있다는 얘기다. 검찰이 거짓말을 하는 참고인에게 체포될 수 있다고 경고하고 휴대전화 등을 압수하려고 시도하는 이유다. 하지만 이정섭은 자신의 옛 상관인 윤대진에 대해 휴대전화 압수수색 등의 강제수사를 하지 않았다.

조국은 2021년 6월 22일 이 사건 재판에 증인으로 나와 당시 윤대진과 네 차례 통화한 내용을 증언했다. 첫 번째 통화는 윤대진이 조국에게 전화를 걸어 김학의의 출국 시도 사실을 보고한 뒤 '검찰과거사진상조사단 소속 검사(이규원)에게 빨리 긴급출금을 요청해 달라'는 것이었고, 두 번째는 조국이 윤대진에게 전화를 걸어 '김학의 긴급출금에 대한 대검의 승인을 받아 달라'는 이규원의 요청을 전달한 것이었다. 세 번째와 네 번째는 모두 윤대진이 조국에게 전화한 것이었는데, 김학의 출국 시도를 무사히 저지했다는 '상황 종료' 보고였다.

수사팀이 윤대진의 휴대전화를 압수해 포렌식을 했다면 이런 내용을 확인할 수 있었을 것이다. 나아가 봉욱이나 문무일의 휴대전화까지 포렌식을 했다면 당시 대검 수뇌부가 김학의 긴급출금을 승인했는지 여부를 정확하게 파악할 수 있었을 것이다. 하지만 수사팀은 당시 대검 수뇌부를 참고인 신분으로 서면 조사를 하는 데 그쳤고(윤대진만 한 차례 소환조사 했다), 압수수색은커녕 휴대전화 임의제출 등을 요구하지도 않았다. 반면, 차규근과 이규원에 대해서는 사무실은 물론 집까지 탈탈 털었다. 이들의 휴대전화는 모조리 압수돼 완벽하게 포렌식 됐다.

'이광철 기소' 결재 안 한 조남관

이정섭은 2021년 5월 12일 이성윤을 '수사방해' 혐의로 기소한 다음 날 이광철을 차규근과 이규원의 공범으로 기소하겠다고 대검에 보고한다. 청와대를 '김학의 긴급출금'의 배후로 설정한 애초의 수사 방향과는 약간 차이가 있지만, 청와대를 물고 늘어질 수 있는 여지를 남겨 둘 수 있는 기소였다. 이광철에게 유죄가 선고된다면 윗선인 조국까지 끌고 들어갈 수 있을 것이기 때문이다. 하지만 이광철은 검찰 수사 결과만 보더라도 단순히 연락책 구실을 한 것에 불과했다. 조국을 통해 법무부의 '김학의 출금 방침'을 전달받아 이규원에게 전달하고, 이규원의 '대검 승인 요청'을 다시 조국에게 전달한 것 외에는 별다른 행위가 없었다. 이런 상태에서 이광철을 공범으로 기소한다면 재판에서 무죄가 선고될 가능성이 컸다.

당시 검찰은 윤석열 검찰총장이 대선 출마를 위해 스스로 사퇴한 뒤 조남관 대검 차장검사가 검찰총장 대행을 맡고 있었다. 조남관은 추미애 법무부 장관 때 검찰국장을 지냈으나, 추미애가 윤석열에 대한 징계를 추진할 때 이를 반대하는 공개서한을 보내 추미애에게 큰 타격을 입혔다. 이 일로 조남관은 문재인 정권 인사들에게 배신자로 찍혔다. 조남관은 이광철을 기소하겠다는 수사팀의 보고를 받았지만 결재하지 않았다. 이광철을 기소하는 것은 무리라고 판단했기 때문이다. 그는 '(이광철의) 범행 의도 등에 대한 보강 조사가 필요하다'라는 이유로 결재 서류에 도장을 찍지 않았다.

그러자 이정섭은 먼저 기소된 차규원과 이규원의 공판준비기일*에서 이광철을 공범으로 기소할 수 있도록 공소장 변경을 신

---

* 공판을 효율적으로 진행하기 위해 미리 검찰과 변호인이 쟁점을 정리하고 증거조사 방법을 논의하는 절차다. 신문이 진행되지 않기 때문에 피고인은 출석하지 않아도 된다.

청해 재판부의 허락을 받는다. 그리고 조국을 소환해 보강 조사를 한 뒤 이광철에 대한 기소의견을 다시 대검에 올린다. 윤석열의 후임으로 임명된 김오수 검찰총장과 문홍성 대검 반부패부장은 김학의 긴급출금과 관련된 직위에 있었기 때문에 지휘를 회피했고, 박성진 대검 차장과 김지용 대검 형사부장이 수사팀과 협의한 뒤 이를 승인한다.[18] 윤석열 사단의 '행동대장' 이정섭은 이처럼 우여곡절 끝에 이광철을 기소하는 데 성공했다. 이제 재판에서 유죄 판결이 나오기만 하면 조국까지 치고 올라갈 기세였다.

3.

미완의 무죄

강적을 만나다

2020년 전 세계를 강타한 코로나바이러스감염증-19 팬데믹은 법정의 풍경도 바꿔 놓았다. 재판장을 비롯해 법정 안의 모든 사람이 마스크를 써야 했다. 재판장의 소송 지휘와 변호인의 변론, 검찰의 신문, 피고인의 진술 등 말로 하는 모든 행위는 마스크를 쓴 상태에서 이뤄졌다. 또 판사들이 앉는 법대와 검찰석, 피고인석, 증인석에는 아크릴로 만든 가림막이 설치되었다. 코로나바이러스 감염으로 법원이 셧다운되는 사태를 막기 위한 것이었다.

마스크와 가림막은 뜻밖의 부작용을 낳았다. 피고인이나 증인이 진술할 때 표정과 목소리의 변화를 제대로 감지할 수 없게 된 것이다. 판사들은 피고인과 증인이 검사나 변호인의 질문을 받고 어떤 표정을 짓는지, 목소리의 톤이나 떨림은 어떤지를 유심히 관찰하면 그 진술이 믿을 만한지 어느 정도 감이 잡힌다고 한다. 재판 경험이 많은 판사일수록 그 감은 더 발달한다. 마스크와 가림막은 이러한 감성적 판단을 돕는 심리적 단서를 은폐했다.

그런데 '김학의 불법출금 의혹 사건'의 재판에서는 마스크의 은폐 기능이 오히려 재판에 도움이 됐다. 검사와 변호인, 또는 검사와 피고인 간의 불필요한 감정 대립이 고조되는 걸 막아 준 것이다. 재판에서 검사와 변호인의 설전은 심심찮게 벌어진다. 상대의 논리를 반박하다 보면 서로 말꼬리를 잡기 쉬운데, 이것이 선을 넘으면 법리가 아닌 감정이 충돌하게 된다. 감정이 실린 논쟁은 법정 분위기만 험악하게 할 뿐 재판에 별 도움이 되지 않는다. 마스크는 이처럼 상대의 감정을 자극할 수 있는 표정을 은폐하는 기능도 한다.

김학의 사건 재판은 검사와 피고인 간 치열한 신경전으로 인해 아슬아슬한 장면이 많았다. 검사의 주장을 피고인이 적극적으로 반박하는 과정에서 감정적으로 격하게 충돌했다. 이 사건 피고인들은 보통의 피고인과 달리 독특한 이력을 갖고 있다. 이광철, 차규근, 이규원은 모두 변호사 자격증을 갖고 있을 뿐 아니라 재판 경험이 풍부했다. 이광철과 차규근은 민변에서 활동하면서 검찰을 비롯한 공권력의 부당한 소송에 맞서 싸운 경험이 많았다. 이규원도 10년 넘는 검사 생활을 하면서 1만여 건의 사건을 처리했다. 이들의 재판 경력은 검사들에게 전혀 밀리지 않았다.

검찰과 피고인의 감정 대립은 2021년 10월 15일 열린 1차 공판부터 거셌다. 검찰은 모두진술*에서 피고인들이 검찰개혁과 검찰 과거사 청산을 내세워 과거 독재정권에서나 있었던 '민간인 사찰'과 같은 파렴치한 범죄를 저질렀다고 주장했다. 피고인들은 검찰의 모두진술을 들으며 모멸감을 느꼈다. 이들은 모두 '민간인 사찰'과 같은 공권력의 횡포에 맞서 온 민변 출신이었다. 이들의 눈에는 오히려 검찰이 '독재정권'의 앞잡이 노릇이나 하는 집단에 불과했다. 그런 집단에 의해 파렴치범으로 몰리는 상황을 결코 받아들일 수 없었다. 검찰의 진술이 끝나자마자 피고인 가운데 이광철이 나서서 검찰의 공소사실을 조목조목 반박했다. 그는 검찰의 기소를 "피고인에 대한 인격살인"이자, "검찰의 자아분열"이라고 맹비난했다. 검사들을 향해 "같은 헌법, 형사소송법 공부를 한 법률가가 맞는지 심각한 회의가 든다"라고 공격했다.

검찰은 김학의 전 차관에 대한 출국 저지가 위법이라는 입론으로 법무부와 청와대 민정수석실을 목표로 이 사건 수사에 임했다. 그런데 뜻밖에도 대검 수뇌부가 검찰 과거사 진상조

---

* 형사재판을 시작할 때 검사가 공소를 제기한 이유와 내용을 진술하는 것을 말한다. 검사가 공소장을 그대로 읽는 경우가 많다.

사단 소속 검사(이규원)를 통한 긴급출국금지에 개입, 관여한 정황이 드러났다. 이규원 검사의 단순한 진술에 그치지 않고, 대검 관계자(봉욱 대검 차장)의 진술과 특히 당시 작성된 대검 내부 문서에 증거들로 나타났다. 수사팀은 여기서 더 나아가 강도 높은 수사를 할 경우 진실이 더욱 분명해지는 것을 두려워했을 것이다. 봉욱 등에 대한 강도 높은 수사를 진행할 경우 검찰 과거사 진상조사단 검사(이규원)의 내사번호 기재에 의한 긴급출국금지가 사실은 대검 차원에서 결정된 것임이 확정적으로 드러났을 것이다.

이광철의 지적은 이 사건에 대한 검찰 수사의 딜레마를 정확하게 짚었다. 검찰은 김학의에 대한 긴급출금을 불법으로 기소하면서도 여기에 관련된 당시 검찰 수뇌부는 기소 대상에서 제외해야 하는 고난도 함수를 풀어야 했다. 이광철은 마치 검사들의 속마음을 들여다본 듯 모순된 상황에 처한 검사들의 고민을 실감나게 묘사했다.

수사팀은 두 가지 중 하나의 상황에 직면하게 됐다. 애초의 전제적 입론이 무너져 김학의에 대한 긴급출국금지가 위법하지 않다는 자기모순적 결론에 도달하게 되든지, 아니면 애초의 입론을 강변하여 유지하는 경우 그 위법한 결정을 한 대검 수뇌부에 대한 입건과 기소가 불가피해지는 상황이다. 전자는 말할 것도 없고 후자의 경우에도 이 자리의 피고인들을 기소하는 것은 법리상으로나 상식적으로나 상당한 난관이 조성되었을 것이다. 둘 중 어느 것이나 수사팀에게는 끔찍한 결말이었을 것이다.

이광철의 진술은 단순한 추측이 아니라, 검찰의 수사기록을 상세히 분석한 것에 기반한 추론이었다. 매우 논리적이고 설득력이 있었을 뿐만 아니라, 마치 방청객이 검찰 수사팀 회의 결과를 직접 보고받는 듯한 느낌이 들 정도로 뛰어난 언변이었다.

검찰 서면 조사에서 김학의 전 차관의 출국금지에 관해 법무부로부터 그 어떤 보고도 받은 바 없다고 부인한 봉욱 대검 차장은 어찌 된 영문인지 제1회 공판준비기일이 임박한 올해(2021년) 5월 3일에 당시 문무일 총장께 보낸 문자메시지를 뒤늦게 발견했다면서 수사팀에 제출했다. 그렇다면 수사팀은 이 석연치 않은 제출 시점부터 의문을 가졌어야 했다. 그러나 차규근, 이규원, 이광철에 대해 피의사실을 추궁하던 수사팀의 예리함과 집요함은 봉욱 차장에게는 전혀 발현되지 않고, 그저 봉욱 차장께서 진술한 대로 받아 적는 서기 역에 충실했다. (…)

(김학의가 출국을 시도한) 2019년 3월 22일 밤 11시 35분에 발신된 이 문자메시지의 내용을 보면 "윤대진 검찰국장으로부터 김학의 전 차관에 긴급출국금지를 조치했다는 보고"를 받았고, "과거사진상조사단 이규원으로 하여금 내사번호를 부여하게 하고 출국금지 조치를 했다고 함"이라고 기재돼 있다. 그런데 그날 밤 11시 35분이면 이규원 검사는 나한테서 급작스럽게 연락을 받고 올림픽대로를 달리고 있을 시간으로 아직 긴급출국금지 요청서 발송은 물론, 내사번호는 아예 생각지도 못하고 있을 시간이었다.

검찰 공소장에 따르면 이규원 검사가 긴급출국금지 요청서를 인천공항 쪽에 보낸 시간은 자정을 넘긴 23일 0시 5분경이었고, 내사번호 기재에 의한 긴급출국금지승인 요청서를 법무부 쪽에 보낸 시간은 23일 1시 50분경이었다. 결국, 김학의 전 차관의 긴급출국금지 이전 시점에 내사번호 기재에 의한 방식으로 김학의 전 차관의 출국을 저지하는 방안에 대해 대검 수뇌부의 관여, 개입이 있었음이 명백하게 확인된 것이다.

여기까지 말했을 때 이광철의 마스크가 턱밑으로 살짝 흘러내렸다. 재판장은 이광철에게 마스크를 고쳐 쓰라고 지시했다. 마스크를 고쳐 쓰며 이광철은 잠시 호흡을 가다듬었다. 맞은편에 앉은 검사들은 그런 그의 모습을 말없이 지켜봤다. 마스크가 검사들의 표정을 가리고 있었지만, 그들의 벌게진 귓불까지 감출 수는 없었다. 이광철은 진술을 계속했다.

> 그러나 봉욱 차장에 대한 검찰 수사는 '이게 과연 대한민국 검찰이 한 수사가 맞나'라는 생각이 들 정도로 부실하게 진행됐다. 봉욱의 휴대전화를 포렌식하지도 않았고, 진술이 엇갈리는 사람들과 대질신문을 하지도 않았다. 이것은 단순히 부실한 수사라는 점에 그치는 게 아니라, 애초부터 결론을 정해 두고 수사의 시늉만 냈다는 점을 강하게 방증한다. 검찰이 포렌식, 대질조사, 중요관계인에 대한 대면조사를 강도 높게 진행했다면 어떻게 되었을까. 이에 대해 검찰은 납득할 수 있는 답을 내놓아야 한다.

이광철은 "김학의를 과거 두 차례나 무혐의 처분한 검찰이 검찰과거사위원회의 권고로 특별수사단을 꾸려 구속기소까지 해놓고, 정작 해외로 도망가려 할 땐 피의자가 아니었다고 한다"며, "이것은 검찰의 자아분열이다"라고 비판했다. '자아분열'이라고 발음할 때 그의 목소리엔 더욱 힘이 들어가 있었다. 이를 잠자코 듣고 있던 검사들이 발끈했다. 한 검사가 자리에서 벌떡 일어나 "수사팀을 해체한 게 누구야, 해체해 놓고 (수사가) 미진하다고 하니 가당치도 않다"라고 목소리를 높였다. 그러자 이광철의 변호인이 "검사가 모두진술을 하는 피고인에게 재판장의 허락 없이 공격을 하나"라고 맞받아쳤다. 순간 법정 분위기가 험악해졌다. 그때 재판장이 나섰다. 그는 마이크를 켜고 검찰석을 향해 "나중에 기회를 줄 테니 그때 반대신문을 하라"고 말했다.

검사가 '수사팀 해체'를 언급한 것은, 문재인 정권의 마지막 법무부 장관인 박범계(더불어민주당 의원)가 2021년 3월 수사팀에 파견된 일부 검사들의 파견 기간 연장을 승인하지 않은 것을 가리킨 것이었다. 검찰은 이 조치로 사실상 수사팀이 해체됐다고 주장한다. 하지만 이 주장은 핑계에 가깝다. 검찰은 윤석열 당시 검찰총장이 2021년 1월 13일 수원지검 형사3부(부장 이정섭)에 이 사건을 재배당한 지 8일 만에 대검 반부패부를 압수수색해 당시 대검 수뇌부가 김학의 긴급출금을 승인한 정황을 기록한 이 아무개 검사의 메모를 확보했다. 이뿐만 아니라, 이현철 당시 안양지청장의 진술, 즉 사법연수원 동기인 윤대진 법무부 검찰국장으로부터 '김학의에 대한 긴급출금은 법무부와 대검 수뇌부, 서울동부지검 검사장의 승인 아래 이뤄진 일인데 왜 이규원 검사를 수사하느냐'는 전화를 받았다는 진술도 확보하고 있었다. 그런데도 파견 검사가 원대 복귀할 때까지 두 달 동안 대검 수뇌부에 대한 수사는 손을 놓고 있었다. 그렇게 해 놓고 이제 와서 법무부의 파견 연장 불승인을 핑계로 댄 것이다.

그러나 보수언론은 검찰의 이런 핑계를 마치 정당한 항변인 것처럼 보도했다. 《조선일보》가 대표적이다.[1] 이 신문은 〈이광철 "불법출금 대검 수뇌부 수사 미진"… 검찰 "수사팀 해체한 게 누군데!"〉라는 기사에서 마치 이광철이 수사팀 해체를 주도한 것처럼 독자들이 오해하기 딱 좋게 기사를 썼다. 검찰 출입기자들이 자기 생각을 제3자(취재원)의 의견인 것처럼 포장할 때 자주 사용하는 표현이 "검찰 안팎에서"라는 말이다. 해당 기사는 법정에서 공판검사가 이광철을 공격한 것을 두고, 김학의 불법 출국 금지 수사 도중 이뤄진 수사팀 해체를 사실상 이 전 비서관(이광철)이 주도했다고 지목한 것이라고 "검찰 안팎에서" 분석한다고 주장했다. 이광철이 수사팀을 해체하는 바람에 윗선에 대한 수사가 불가능해졌다는 것이었다. 물론 사실과 다른 주장이다. 이광철은 당시 수사팀 해체를 주도하지도 않았고, 그럴 힘도 없었다.

보수언론들은 이 재판이 마치 검찰에 유리한 쪽으로 진행되고 있는 것처럼 보도하려고 애를 썼다. 《조선일보》는 이 사건에서 파생된 이성윤 전 고검장의 '김학의 불법출금 수사 무마 의혹 사건' 재판에서 나온 증인들의 진술 가운데 검찰에 유리한 내용만 골라내 보도하기도 했다.* 이 신문의 기사만 보면 이성윤의

---

* 《조선일보》가 2022년 8월 13일 보도한 〈이성윤 지시로 보고서 쓴 전직 대검과장, "긴급출금, 알았으면 위법하다 생각했을 것"〉 기사가 대표적이다. 검찰 쪽 증인으로 출석한 전직 대검과장은 당시 김학의 긴급출금 과정을 전혀 몰랐기 때문에 그의 진술은 증거로서 효력이 전혀 없었다. 그런데도 기사는 마치 재판에 영향을 줄 결정적 증거가 나온 것처럼 보도했다.

유죄는 거의 확실한 것처럼 보였지만, 나중에 1심과 2심에서 모두 무죄가 선고됐다.

보수언론들의 보도 내용과 달리 실제 '김학의 불법출금 의혹 사건'의 재판은 피고인에게 유리한 흐름으로 전개됐다. 특히 2022년 6월 10일 김태훈 당시 대검 정책기획과장이 증인으로 출석한 8차 공판부터 전세는 피고인 쪽으로 확실하게 기울었다. 김태훈은 당시 검찰과거사진상조사단의 활동을 대검 차원에서 지원하는 업무를 전담하고 있었다. 당시 대검 수뇌부가 김학의에 대한 긴급출금을 어떻게 인식하고 있었는지 잘 알 수 있는 지위에 있었다. 김태훈은 김학의 긴급출금이 대검 수뇌부 차원에서 전혀 문제가 되지 않았다는 취지의 진술을 여러 차례 반복했다. 그는 특히 김학의의 해외 출국이 "검찰총장의 지위에 대해서도 문제 삼을 수 있는" 사안이란 점을 지적했는데, 이는 김학의의 출국을 막는 것이 당시 대검 수뇌부의 이익에 부합한다는 사실을 강조한 것으로 해석됐다. 김태훈 자신도 "김학의의 범죄 혐의나 (검찰의) 제도적인 어려움"에도 불구하고 "김학의에 대한 출국금지를 신속하게 결정해야 했다"고 판단하고 있었다. 검찰은 김태훈을 통해 대검 수뇌부의 김학의 긴급출금 반대 의사를 입증해 보이려고 했으나 헛수고였다.

반면 피고인들은 김태훈에 대한 신문에서 검찰 수사의 약점을 효과적으로 공략했다. 검찰이 사건 발생 후 2년이 지나도록 아무런 조처를 하지 않다가 문재인 정권의 레임덕이 시작되자 뒤늦게 수사에 착수한 것은 이 수사가 정치적 목적에서 시작됐음을 방증한다는 논리를 폈다. 만약 대검 수뇌부가 당시 김학의 긴급출금의 불법성을 인지했다면 이규원 등에 대한 감찰을 지시했어야 했다. 대검 예규(검찰공무원 범죄 및 비위 처리 지침)에 따르면 각급 청의 부서 책임자는 직무 수행 과정에서 검찰공무원의 비위를 발견하면 바로 대검에 보고해야 하고, 대검은 이를 엄중히 문책해야 한다. 이 무렵 곽상도 자유한국당(국민의힘) 의원이 이규원에 대한 감찰을 집요하게 요청하고 있었기 때문에 문무일을 비롯한 대검 수뇌부는 불법성 논란을 모를 수가 없었다. 만약 검찰의 공소사실처럼 김학의 긴급출금 과정에 위법 요소가 있었다면, 검찰총장은 즉각 이규원 등 대검 관련자들에 대한 직무감찰을 지시하는 것이 맞다. 김태훈은 문무일을 비롯한 대검 수뇌부가 그런 지시를 한 사실이 전혀 없었다고 진술했다.

　김태훈은 한발 더 나아가 검찰이 불법이라고 주장하는 긴급출금이 당시 김학의의 출국을 막을 수 있는 유일한 방법이었다고 진술해 피고인에게 힘을 실어 줬다. 자신도 검찰과거사진상조사단의 조사 결과를 바탕으로 내사번호를 부여해 내사사건으로 전환한 뒤, 법무부에 긴급출금을 신청하는 것 말고는 김학의의 출국을 막을 방법이 없었다고 생각한다는 취지였다. 재판장은 김태훈의 이 진술에 특별히 관심을 보였다.

재판장: (봉욱) 대검 차장이 (문무일) 검찰총장에게 보낸 문자를 보면 (출금 방법이) 증인의 아이디어와 같은데, (대검 차장의 문자에) 이렇게 빨리 반영될 수 있나?

김태훈: 내사번호를 부여해서 출국금지를 하는 것 외에 다른 방법이 뭐가 있는지 모르겠다. 긴급출국금지 요청 외에 다른 방법은 생각하지 못했다. 우연의 일치가 아닌가 한다.

재판장: 그러니까 누가 생각해도 이 방법밖에 없다는 건가?

김태훈: 그렇다.

재판장: 긴급출국금지하는 게 적법 절차에 맞지 않는다는 건 당시 그 누구에게도 듣지 못한 건가?

김태훈: 긴급한 상황이었기 때문에 조사가 어떻게 경과 되었는지 보고받지는 못해서 알지 못했지만, 일단 (김학의가) 야밤에 도주까지 하려고 했으면 뭐가 있었던 거 아니냐고 의심할 수 있고, 나중에 잘못된 걸 푸는 한이 있어도 당시에는 (출국을 막는) 결심이 필요했다고 보인다.

재판장: 그래도 '이거 잘못된 거 아니냐'는 의견이 제시된 적이 있는지? 그 당시가 아니어도 이후에 '(긴급출금) 반대 의견을 제시했는데도 그렇게 됐다'라고 하는 것을 들어본 적 있나?

김태훈: 없다. 그때는 그게 맞다고 다들 생각했었다.

김태훈의 증언은 검찰의 공소사실에 큰 구멍이 뚫려 있음을 보여 준다. 당시 대검 수뇌부(문무일 총장 체제)는 김학의 긴급출금을 불법으로 인식하지 않았다. 그런데 정권의 레임덕이 시작되자, 새롭게 바뀐 대검 수뇌부(윤석열 총장 체제)는 뒤늦게 이를 불법으로 판단해 처벌하려고 했다. 이처럼 일관성 없는 검찰권 행사를 과연 재판부가 정당한 행위로 인정해 줄까. 검찰이 이 문제를 해결하지 않으면 검찰의 공소제기가 무리했다는 비판을 피할 수 없게 된다.

　검찰은 봉욱에 대한 증인신문에서 반전을 노렸다. 당시 대검 수뇌부도 불법성을 인지하고 있었음을 입증해 보이려고 애썼다. 봉욱은 피고인들에 의해 당시 문무일 검찰총장을 대신해 김학의 긴급출금을 승인한 당사자로 지목됐다. 그가 윤대진 검찰국장과 연락을 주고받은 뒤 문무일에게 보낸 다음과 같은 문자메시지가 그 증거였다.

　　총장님, 윤대진 국장으로부터 김학의 검사장이 출국수속을 밟는 것을 출입국 직원이 확인해 급히 긴급출금 조치를 했다는 보고를 받았습니다. 과거사진상조사단 이규원 검사로 하여금 내사번호를 부여하게 하고 출금 조치를 (하게) 했다고 해 이성윤 반부패부장으로 하여금 검찰국과 협의해 불법 논란이 없도록 필요 조치를 하도록 지시한 상황입니다. 상세 내용은 내일 다시 보고 드리겠습니다. 봉욱 올림.

봉욱이 이 문자를 문무일에게 보낸 시점은, 김학의가 한밤 출국을 시도한 2019년 3월 22일 밤 11시 35분이었다. 그런데 이 시각에 이규원은, 앞서 이광철이 모두진술에서 언급한 대로 서울 여의도 자택에서 송파구 문정동에 있는 서울동부지검 사무실로 향하는 택시 안에 있었다. 이규원이 차규근의 안내에 따라 긴급출국금지 요청서를 법무부 출입국관리본부에 보낸 것은 그로부터 30분 뒤인 23일 0시 5분이었고, 인천공항 탑승구 앞에서 김학의 출국이 제지된 시각은 23일 0시 10분이었다. 실제 출국금지가 이뤄지기 무려 35분 전에 봉욱은 긴급출금 조치를 했다는 문자를 문무일 총장에게 발송한 것이다.

게다가 봉욱의 문자 메시지에 등장하는 "내사번호 부여 후 출국금지"는, 그로부터 두 시간가량 뒤에야 실행된다. 이규원이 처음 보낸 긴급출국금지 요청서에는 과거 무혐의 처분된 김학의 사건의 사건번호(형제번호)가 기재됐다. 시간이 촉박한 상황에서 일단 기존 사건번호를 적어 넣었던 것이다. 이규원은 나중에 보낸 긴급출국금지 승인 요청서에 서울동부지검 내사번호를 생성해 기재했는데, 이때가 23일 1시 50분이었다. 그런데도 이보다 무려 두 시간가량 앞서 보낸 봉욱의 문자 메시지에 "내사번호 부여 후 출국금지"라는 표현이 등장한 것이다. 이는 이규원이 김학의 긴급출금 요청에 필요한 작업을 실행하기 전에 이미 '내사번호에 의한 긴급출금'이 결정됐다는 합리적 추론을 가능하게 한다. 나아가 그 당사자는 당시 연락이 닿지 않는 검찰총장을 대신해 의사결정을 할 수 있는 대검 고위간부, 즉 '봉욱 대검 차장'이라는 결론에 도달하게 된다.

그러나 봉욱은 김학의 긴급출금을 승인한 사실이 전혀 없다고 극구 부인했다. 자신은 윤대진에게 보고받은 내용을 있는 그대로 문무일 검찰총장에게 보고했을 뿐이라고 주장했다. 검찰은 봉욱의 진술을 피고인들의 주장을 탄핵하는 데 최대한 활용했다. 피고인들이 대검 차원의 승인을 내린 당사자로 지목한 봉욱이 이를 부인하는 것보다 더 강력한 증거는 있을 수 없었다. 검찰은 봉욱에게 확실한 진술을 받아 내려고 집요하게 물었다.

검사: 문무일 총장에게 보낸 문자 내용을 보면 문자 발송 이전에 김학의에 대한 출금 조치가 완료된 것으로 보이는데, 윤대진 검찰국장으로부터 이미 조치가 완료됐다는 내용을 들은 것인가?

봉욱: 내용을 (윤대진한테서) 들은 그대로 문자를 보냈고, (그동안) 출금 관련해서 한 번도 보고를 안 받아서 윤대진의 말 그대로 총장에게 보고한 것이다.

검사: (윤대진한테서) 이미 조치가 이뤄졌다고 보고받은 건가?

봉욱: 이규원에게 내사번호 부여하게 하고 출금 조치했다고 한 것으로 (보고받았다).

검사: 실제로 출금 조치가 이뤄진 건 3월 23일 0시 8분쯤으로 문자 전송 시점(3월 22일 11시 35분)과 차이가 나는데?

봉욱: 내가 22일 11시 35분에 문자를 보낸 건 분명하고, 그 전에 언론에도 보도됐다고 하는데,* (김학의가) 긴급출금됐다고 보도된 거를 보면 그전에 출금되고 언론사에 전달된 게 아닌가 한다.

검사: 문자 내용 중에 "과거사진상조사단의 이규원 검사로 하여금 내사번호를 부여하게 하고 출금 조치를 (하게) 했다고 해"라고 돼 있는데, 윤대진한테 들은 내용인가?

봉욱: 듣지 않았으면 그런 내용을 몰랐을 것이다.

검사: 이규원 검사는 그때 동부지검으로 향하는 택시 안에 있었고, 당시 내사번호 관련 지시를 받은 사실이 없다고 주장하는데?

봉욱: (윤대진의 보고) 경위는 모르겠고, 나는 보고받은 내용 그대로 신속하게 문 총장에게 보고했을 것으로 생각된다.

윤대진에게 보고받은 내용을 총장에게 그대로 전달했다는 봉

---

* 《한겨레》 온라인판 기사 〈[단독] 김학의 한밤중 타이로 출국하려다가 긴급출국금지〉를 가리킨다. 이 기사는 2019년 3월 22일 밤 11시 19분에 인터넷에 노출됐다. 봉욱 대검 차장이 문무일 검찰총장에게 보낸 문자보다 16분이나 빨랐다.

욱의 진술은 실제 검찰의 업무 처리 프로세스를 고려하면 앞뒤가 안 맞는다. 봉욱의 말이 정말이라면 문자메시지를 있는 그대로 해석할 경우, 긴급출금을 승인한 당사자는 윤대진이 된다. 하지만 법무부 검찰국장은 일선 검사에게 긴급출금을 지시하거나 승인할 권한이 없다. 만약 검찰국장이 그런 지시를 했다면 직권남용으로 처벌받을 것이다. 설사 검찰국장이 그런 부당한 지시를 내렸더라도 검사가 이를 따를 리가 없다. 봉욱의 진술은 논리적으로나 경험적으로나 신빙성이 매우 떨어졌다. 재판장도 이런 점이 답답했는지 봉욱을 상대로 직접 신문에 나섰다.

재판장: 문자메시지의 첫 문단을 보면 "윤대진으로부터 보고받았습니다"라고 돼 있고, 둘째 문단에는 "과거사진상조사단의 이규원 검사로 하여금 내사번호를 부여하게 하고 출금 조치를 (하게) 했다고 해" 이렇게 돼 있고, 그다음 문장은 "이성윤 반부패부장이 필요 조치를 하도록 지시했다"라고 돼 있다. 그렇다면 둘째 문단에 있는 과거사조사단의 이규원으로 하여금 내사번호 부여하게 하고 출금 조치를 하게 했다고 한 사람은 윤대진 국장인지, 이성윤 반부패부장인지 말씀하실 수 있나?
봉욱: 문자 내용 자체는 윤대진 국장에게 들었던 거고, 내용상으로는 이성윤이 지시했을 거라고 생각되지 않는다. 내용을 윤대진한테서 들었고 이 조치가 제대로 됐는지 이성윤에게 점

검하라고 한 것 같다. 이성윤이 내사번호를 부여하고 출금 조
처를 했으리라 생각하지 않는다.

재판장: 이규원에게 내사번호를 부여하게 하고 출금 조치를
시킬 수 있는 결재 라인에 있는 사람은 윤대진인가, 이성윤인가.

봉욱: 두 사람 다 아니라고 생각한다.

봉욱의 진술에는 허점이 있었다. 그의 말대로 윤대진이나 이
성윤이 긴급출금 승인에 관여하지 않았다면 검찰과거사진상조
사단이 자체적으로 출금을 했다는 얘기가 된다. 그런데 출금 권
한이 없는 조사단이 내사번호를 따서 긴급출금을 했다면, 대검
은 이 조치가 법적으로 문제가 없는지 나중에라도 확인해야 했
다. 재판장은 이 점을 따져 물었다.

재판장: 검찰과거사진상조사단은 조사만 할 수 있지 수사기관
이 할 수 있는 출금 요청은 원칙적으로 못하는 거 아닌가. 그
렇다면 (윤대진한테서) 보고를 받았을 때 '내사번호 받아서 했다
고? 어떻게 진상조사단이 내사번호를 부여하고 출금하지?' 이
런 의문은 안 가졌나.

봉욱: 그런 의문까지는 구체적으로 생각 못 했다. 어쨌든 내사
번호를 부여해서 출금했다고 하니까 이렇게 중요한 상황에서
제대로 됐을지 관련해서는 소관 부서(대검 반부패부)에 바로 전

달하고 잘 챙겨 보라고 했던 상황이다.

 자신을 포함해 대검 고위 간부들 가운데 아무도 긴급출금을 승인하지 않았다는 봉욱의 진술은 일견 검찰에 유리한 증거로 보였다. 수사권이 없는 검찰과거사진상조사단 파견 검사가 대검의 승인도 없이 내사번호를 맘대로 부여해 무고한 시민의 기본권을 침해했다는 검찰의 공소사실에 부합하는 것처럼 들렸다. 보수언론들은 일제히 봉욱의 진술이 피고인들의 결백 주장을 탄핵한 것처럼 보도했다.*

 하지만 봉욱의 진술 가운데는 검찰에 불리한, 즉 피고인에게 유리한 대목도 여럿 있었다. 앞서 재판장이 직접 신문을 통해 확인한 "당시 김학의 긴급출금이 법적으로 문제가 될 것으로 보지는 않았다"라는 진술이 대표적이다. 봉욱은 "문무일 총장에게 보낸 문자에서 '불법 논란'이라는 말을 썼는데 왜 그랬나? 나중에 불법 논란이 생길 것이라는 걸 예상했나"라는 검사의 질문에 "검찰 수사 과정에서도 누차 얘기했는데, 실제 (불법) 논란은 전혀 없었다. 논란이 있었다면 내가 반부패부장에게 '이런 부분에 대해서 불법 논란이 있으니 정확히 확인하고 조치하라'고 지시했을 것이다"라고 분명하게 답했다. 이규원 등이 김학의의 출국

---

* 대표적인 기사가 《조선일보》의 2022년 8월 19일 자 기사 〈봉욱 전 대검 차장, "김학의 출금 지시 안해"… 이광철 주장과 배치〉다.

을 막은 것을 그 당시로서는 긴급한 상황에서 행해진 적절한 조치로 받아들였음을 의미하는 진술이다.

또 '대검 수뇌부가 김학의 성 접대 의혹 사건에 대한 재수사가 불가피하다고 판단하고 있었다'라는 봉욱의 진술도 피고인에게 유리한 증거였다. 봉욱은 '문무일 총장을 비롯한 대검 간부들은 검찰이 결자해지 차원에서 김학의 사건을 다시 수사해야 한다고 판단했다. 다만, 어느 검찰청에서 할지 결정만 남겨 둔 상태였다'라는 취지로 증언했다. 이는 김학의가 사실상 '피의자' 상태였지, 수사팀이 주장하는 것처럼 '무고한 일반인'이 아니었다는 사실을 방증한다. 하지만 봉욱의 이런 진술들은 언론에 제대로 보도되지 않았다.

봉욱은 검찰과 피고인 사이에서 절묘한 줄타기를 했다. 대검이 긴급출금을 허락하지 않았다는 진술은 검찰에 유리했다. 그러나 이를 불법으로 보지 않았고, 김학의를 재수사하려고 결심했다는 진술은 피고인에게 유리했다. 누가 긴급출금을 승인했는지를 밝혀 줄 핵심 증인이 어느 한쪽의 손을 확실히 들어 주지 않자, 재판은 교착 상태에 빠지는 듯했다. 봉욱이 기억하지 못하는 사실이 무엇인지, 그의 증언이 객관적 상황과 일치하는지 등을 확인한다면 실체적 진실에 좀 더 가까이 접근할 수 있었다. 따라서 봉욱의 휴대전화를 압수하거나 임의제출 방식으로 확보해 포렌식을 할 필요성이 있었지만, 검찰은 그렇게 하지 않았다. 변호인은 이런 사실을 지적하며 봉욱에게 자발적으로 휴대전화 포렌식에 응할 생각은 없는지 물었으나 그는 거절했다.

　재판장이 마지막으로 다시 봉욱에게 질문을 던졌다. 봉욱의 진술이 이해가 잘 안 된다는 듯 앞서 던진 질문을 반복했다.

재판장: 만약 긴급출금을 할 것인데 승인해 달라는 취지의 보고를 받았다면 그 상황에서 승인 여부를 결정해야 하는 사람은 증인이 맞나? 총장에게 연락이 안 되는 상황에서 검찰국장이나 반부패부장이 '김학의가 출국하려는데 내사번호를 받아서 긴급출금을 하려고 하니 허락해 달라'고 요청한다면?

봉욱: 내가 승인할 사안은 아니라고 생각한다.

재판장: 그런데 누군가는 (승인을) 해야 하지 않나. 그날 밤 12시가 넘으면 출국하니까 그동안 (총장이) 연락 안 되면 다음 권한 대행을 할 사람이 결정해야 하지 않나?

봉욱: 기본적인 출금 조치 결정은 검찰총장이 할 사안은 아니라고 생각한다. 출금 조치는 대부분 일선 검찰청에서 결정된다.

재판장: 그럼 '알아서 처리하라' 이렇게 답변할 수밖에 없는 건가?

봉욱: (출금) 요건을 따져 봤을 것 같다. 어떤 절차를 거쳐야 하는지 따져 봤을 것이다.

재판장: 그런데 당시 그런 것들을 깊이 검토할 시간이 없었잖나?

봉욱: 이번 검찰 수사를 받는 과정에서 알게 됐는데, 그 전 단계에서 법무부의 과거사위원회와 과거사진상조사단이 이미

여러 차례 출국금지 문제를 검토했다고 들었다. 당시 출국금지가 필요했다면 여러 방법이 있었으리라 생각한다. 왜냐하면 출국금지 (조치)는 꼭 피의자에 대해서만 할 수 있는 것도 아니고 참고인을 대상으로도 가능하다. 여러 가지 방법이 있었을 텐데 미리 검토가 안 됐던 게 아쉽다는 생각이 든다.

봉욱이 여기서 "아쉽다"고 언급한 대목은, 박상기 당시 법무부 장관을 겨냥한 것이었다. 법무부 장관은 직권으로 출국금지를 할 수 있는 권한이 있다. 만약 박 장관이 사전에 김학의를 출금해 놓았다면 법적으로 아무런 문제가 없었을 것이다. 박 장관이 김학의의 출금 필요성이 과거사위원회에서 논의됐을 때 결단을 내렸다면 이광철 등이 피고인석에 앉아 있을 일은 없었을 것이다.

대검 차장은 의사결정을 하는 자리가 아니라는 봉욱의 진술은 설득력이 크게 떨어진다. 검찰청법(제13조)에는 "(대검) 차장검사는 검찰총장을 보좌하며, 검찰총장이 부득이한 사유로 직무를 수행할 수 없을 때에는 그 직무를 대리한다"는 내용이 명시되어 있다. 검찰총장을 보좌하는 역할에는 총장을 대신해 의사결정을 하는 것도 포함된다. 대검 부장(검사장)과 과장급 간부도 의사결정을 할 수 있는 영역이 있는데, 대검의 이인자가 그렇지 않다는 건 상식적이지 않다. 봉욱이 자신의 알리바이를 입증하려는 의욕이 너무 앞선 탓에 이런 모순적인 주장을 한 것으로 보인다.

믿는 도끼에 발등 찍히다

문재인 정권 인사들은 검찰에 대해 태생적 반감을 품고 있었다. 학생운동과 노동운동 경험이 있는 이들에게 과거 군사독재정권 시절 민주화운동 관련 인사들을 탄압한 공안검사들은 증오의 대상일 수밖에 없었다. 노태우 정권 때 발생한 '강기훈 유서대필 조작 사건'은 절차적 민주주의가 상대적으로 자리 잡아 가던 정권에서도 검찰권을 악용한 조작 사건이 얼마든지 일어날 수 있다는 경각심을 갖게 했다. 노무현 전 대통령을 죽음으로 내몬 '박연차 게이트' 수사는 분노와 함께 중요한 가르침을 남겼다. 공안검사에 견줘 상대적으로 정치색이 약하다고 인식됐던 특수부 검사들이 오히려 더 정치적이고 반개혁적이라는 사실이다. '친문' 그룹의 검찰에 대한 증오심은 이러한 경험이 누적된 뿌리

깊은 것이었다.

친문들이 신뢰하는 극소수의 검사들도 있었는데, 그중 한 명이 윤석열과 호형호제하는 윤대진이었다. 윤대진은 문재인 정권에서 윤석열이 검찰총장까지 오르는 데 일등공신 역할을 했다. 그는 대학 시절 운동권 학생들과 친하게 지냈다. 같은 과 선배였던 조국은 물론 김경수 전 경남지사 등 친노·친문 인사들과 안면이 있었다. 이러한 인연으로 노무현 정권 초기인 2003년 청와대 특별감찰반장을 지냈다. 친문 그룹과 윤대진의 관계가 돈독해진 계기는 그가 노무현 대통령 서거 당시 봉하마을에 차려진 빈소를 방문한 사실이 알려지면서다. 당시 2000여 명의 검사 가운데 단 두 명이 봉하마을을 방문했는데, 한 명이 윤대진이었고 다른 한 사람은 문재인 정권에서 대검 차장까지 지낸 조남관이었다. 당시 현직 검사 신분으로 노 대통령의 빈소를 방문한다는 것은 대단한 용기가 필요한 일이었다. 이명박 정권의 검찰에서 인사상 불이익을 당할지도 모르는 일이었기 때문이다.

조국을 비롯한 친문 인사들은 검찰과 관련된 일들을 윤대진과 상의했다. 특히 조국은 민정수석 당시 검찰 관련 일들을 처리할 때 윤대진의 의견을 많이 참고했다. 문재인 정권 초기 검·경수사권 조정안을 마련할 당시 검찰의 직접 수사 범위를 보장하고* 검찰 인사에서 윤석열 사단을 요직에 대거 발탁한 것 등이 모두 윤대진과 상의한 결과였다.

윤대진은 김학의 긴급출금 과정에서도 핵심적인 역할을 했다. 그는 김학의가 출국을 시도한다는 사실을 법무부 법무실장(이용구)을 통해 전달받고 곧바로 청와대 민정수석(조국)과 검찰총장(문무일), 대검 차장(봉욱)에게 연락했다. 검찰 업무와 관련해 긴급하고 중대한 상황이 발생했을 때 주요 의사 결정권자에게 신속하게 상황을 전파하고 대책을 마련할 수 있도록 하는 것은 검찰국장의 고유한 역할이다. 윤대진은 거의 완벽하게 그 역할을 수행했다. 하지만 그는 나중에 검찰 수사를 받을 때 김학의 출금과 관련해 했던 일들을 전면 부인했다. 다른 관련자들의 진술과 객관적 상황에 의해 뒷받침되는 자신의 언행을 "기억이 안난다"라는 말로 애써 부정했다. 이는 검찰 수사의 불똥이 자신에게 튀는 것을 철저히 차단하려는 전략이었다.

당시 윤대진의 활약을 직접 목격했거나 간접적으로 전해 들은 피고인들과 다른 증인들은 윤대진의 모르쇠 전략에 황당해

---

* 2018년 1월 14일 조국 민정수석은 '권력기관 구조개혁안'을 발표하면서 검찰이 직접 수사할 수 있는 범죄를 부패·경제·공직자·선거·방위사업·대형참사 등 여섯 가지로 제한하는 내용의 검·경수사권 조정안을 발표했다. 애초 검찰개혁 방안은 검찰은 직접 수사를 하지 않고 경찰 수사를 지휘하도록 하는 것이었지만, 이날 기자회견에서는 대폭 후퇴한 안을 발표했다.

했다. 김학의 긴급출금에 핵심적인 역할을 했고, 이를 무용담 삼아 자랑까지 했던 당사자가 검찰 수사 과정에서 표변한 셈이기 때문이다. 그래서 피고인들은 윤대진에 대한 증인신문을 잔뜩 벼르고 있었다. 2022년 9월 23일 열린 윤대진에 대한 증인신문은 1심 재판에서 피고인과 증인 간에 가장 치열한 설전이 벌어진 공판으로 기록될 만했다. 변호인들은 윤대진이 거짓말을 하고 있음을 밝혀내려고 애썼지만, 윤대진은 노련하게 이를 피해 갔다. 반면 검찰은 윤대진의 모르쇠 전략을 피고인의 혐의를 입증하는 데 십분 활용했고, 윤대진도 적극 호응했다.

먼저 주신문*에 나선 검찰은 문재인 대통령의 '김학의 사건 담화'부터 걸고넘어졌다. 김학의가 출국을 시도하기 직전인 2019년 3월 18일 문재인은 대통령 담화를 통해 김학의 사건에 대한 재수사 필요성을 강조했다. 검찰은 이 담화가 김학의에 대한 '불법' 출금 행위의 근본 원인인 것처럼 몰아갔다. 대통령이 사실상 재수사를 지시하는 바람에 법무부와 과거사진상조사단 등이 무리하게 사건을 만들려고 했다는 취지였다. 윤대진은 다음과 같은 발언으로 검찰의 의도에 호응했다.

(2019년 3월 19일 법무부 간부회의에서) 나는 대통령이 특정인에

---

* 주신문은 재판에서 증인을 신청한 당사자(검찰, 변호인)가 처음 하는 신문을 말한다. 상대방이 주신문에 맞서 하는 신문은 반대신문이라고 한다.

대해서 엄중한 수사의 필요성 이런 것을 공개적으로 언론에 발표하는 거는 조금 바람직스럽지 못하다는 취지로 장관(박상기)에게 말했다. 그 이유는 대통령이 특정인(에 대한 수사)을 언급하면 당사자는 위축되거나 숨거나 도피할 우려가 있기 때문이다. 그래서 그런 내용의 발표에 신중했어야 하는 게 아닌가(하는 생각이 든다). 나 역시 당사자였다면 소나기는 피하고 보자는 심정으로 외국으로 도피했을 것 같다. 그런 점에서 대통령께서 특정인에 대한 수사를 언급하는 것은 참모들이 말렸어야되는 거 아니냐, 그런 의견을 장관에게 말했다.

윤대진의 진술에 검찰은 반색했다. 검사는 윤대진한테서 더 많은 것을 뽑아 내려고 애썼다. "그럼, 증인은 대통령이 특정인에 대한 수사의 필요성을 언급한 것이 부적절하다고 본 것인가?" 김학의가 출국을 시도한 직접적 원인이 대통령 담화 때문이라는 주장에 힘을 싣기 위한 질문이었다. '무고한 시민'이 정권의 핍박이 두려워 출국을 시도하다 불법출금을 당했다는 프레임으로 만들려는 것이었다. 윤대진은 검찰의 이런 의도에 완벽하게 부응했다. 그는 "검찰 수사 측면에서 볼 때 바람직하지 않다는 것이다. 청와대 참모들이 대통령께서 그런 담화를 발표를 안 하시도록 하는 게 좋지 않았나 생각한다"라고 답했다.

윤대진은 김학의 긴급출금과 자신의 역할 사이에 철벽 방어

막을 쳤다. 그가 김학의 출금에 연루됐음을 보여 주는 강력한 증거는 봉욱의 문자메시지였다. 봉욱이 검찰총장에게 보낸 문자메시지는 두 가지 사실로 구성돼 있다. 윤대진이 김학의의 출국을 막는 과정에 관여했다는 것과, 봉욱이 그에 따른 후속 조처를 지시했다는 것이다. 윤대진으로부터 출금 사실을 전달받은 봉욱이 그에 따른 후속 조처를 내린 구도다. 여기서 윤대진과 봉욱의 연결고리가 끊어진다면, 문자메시지의 증거능력은 크게 약해진다.

수사 경험이 많은 윤대진은 이를 정확하게 간파했다. 그는 봉욱과의 연결고리를 끊어내려고 애썼다. 윤대진은 당시 봉욱과 통화한 사실조차 기억나지 않는다고 했다. 봉욱의 문자메시지는 윤대진과의 통화 내용을 그대로 전달한 것이었는데, 정작 윤대진은 통화한 사실 자체가 기억에 없다고 말한다. 윤대진은 한술 더 떠 문자메시지에 나오는 '내사번호에 의한 출금' 방식을 조국에게 들었다고 주장했다. 청와대 민정수석실에서 이규원 검사에게 내사번호에 의한 출국금지를 요청하도록 조치한 뒤, 그 내용을 검찰국장인 자신에게 알려 줬다는 것이다. 하지만 수사 실무를 잘 모르는 학자 출신의 조국이 수사 경험이 많은 윤대진에게 출금 방식을 알려 줬다는 건 선뜻 믿기 어렵다. 오히려 법무부 검찰국장(윤대진)이 청와대 민정수석(조국)에게 이를 '보고'하는 게 더 자연스럽다. 윤대진의 진술을 듣고 난 뒤 반대신문에 나선 이광철이 목소리를 높인 이유다.

> 이광철: 아무리 증인이 조국 민정수석과 과거 대학 선후배 사이였다고 해도 직급상으로는 민정수석이 더 높은데, 하위 직급에서 상위 직급으로 보고하는 것이 자연스럽지, 상위에서 하위 직급으로 (출국금지 방법을) 얘기해 주는 것이 자연스러운 일인가.
>
> 윤대진: 음… 그런 의문이 들 수 있는데, 답변하자면 선후배 관계를 떠나서 긴박한 상황이 발생했고 법무부는 준비가 돼 있는데 출금 요청이 진상조사단 쪽에서 오면 출금한다고 하니까, 이규원 검사가 조치한다고 한다는 피드백을 (조국이) 나한테 해 준 것 같다. 당시 법무부 장관(박상기)이 사실상 부재중이어서 민정수석이 나한테 피드백을 해 준 게 아니겠나.
>
> 이광철: 이규원 검사에게 출금을 요청하도록 조치하는 게 청와대 민정수석실에서 할 일은 아니지 않나.
>
> 윤대진: 법무실장(이용구)이 나한테 요청했으니까. 법무실장이 출입국본부장(차규근)이나 차관(김오수)하고 논의했는지는 모르겠지만.

윤대진의 진술은 이용구가 조국에게 구체적인 출국금지 방법을 알려 주었고 조국이 이를 이광철을 통해 이규원에게 전달한 것이라는 취지였다. 그러나 나중에 증인으로 출석한 조국은 당시 윤대진 외에 다른 법무부 간부와 통화한 사실이 없다고 증언했다. 이용구도 마찬가지였다. 조국의 실제 통화 내역도 이를 뒷받침했다. 윤대진의 진술은 다른 증인들의 진술뿐만 아니라 객관적 사실과도 맞지 않았다. 그럼에도 윤대진은 자신의 주장을 굽히지 않았다. 변호인들은 윤대진이 사실과 다른 진술을 한다는 점을 드러내기 위해 질문을 퍼부었지만, 그는 용의주도하게 빠져나갔다.

윤대진은 자신이 김학의 긴급출금에 연루됐음을 암시하는 단서라면 티끌만 한 것도 놓치지 않고 방어했다. 그는 김학의의 출국이 저지된 다음 날 아침 검찰 테니스 동호회 모임에 다녀왔고, 그날 오후에는 검찰 고위 간부의 아들 결혼식에 참석했다. 당시 현장에 있었던 법무부 간부들은 윤대진이 간밤에 있었던 일을 무용담처럼 자랑하는 것을 목격했다. 이 사실은 이틀 후 법무부 간부회의에서도 화제가 돼 이 회의에 참석한 차규근도 알게 됐다. 차규근은 이때의 기억을 떠올렸다. 그는 변호인 반대신문에서 윤대진에게 당시 김학의 출금에 중요한 역할을 했다고 주변에 자랑하고 다니지 않았느냐고 물었다. 그러나 윤대진은 전매특허처럼 써먹던 기억이 나지 않는다는 답변으로 빠져나갔다.

윤대진의 노련한 발뺌에 피고인과 변호인들은 점점 인내심의 한계를 느꼈다. 신문이 진행될수록 변호인의 언성은 높아졌고, 맞받아치는 윤대진의 태도도 거칠어졌다. 양쪽의 감정 대립으로 법정 분위기가 험악해졌지만, 이를 흐뭇하게 바라보는 이들도 있었다. 검사들이었다. 마스크로 가려지지 않은 그들의 눈가엔 웃음기가 잔뜩 배어 있었다. 윤대진은 마치 문재인 정권에서 법무부와 검찰의 요직을 맡은 것을 불명예로 인식하는 듯했다. 그는 조국을 비롯한 청와대 참모진과 법무부의 친문 인사들에게 책임을 돌렸다. 이들이 자신의 조언을 듣지 않아서 불법 행위가 발생한 것처럼 당시 상황을 진술했다. 윤대진의 진술은 검찰의 공소사실에 힘을 실어 줬다. 증인신문 내내 검사들의 표정은 밝았다. 하지만 그 표정이 바뀌기까지는 그리 오랜 시간이 걸리지 않았다. 윤대진의 증인신문이 있은 지 일주일 뒤인 2022년 9월 30일 열린 공판에 증인으로 출석한 이용구는 앞서 윤대진의 진술이 믿을 게 못 된다는 사실을 적나라하게 드러냈다.

판사 출신인 이용구는 법리에 밝을 뿐만 아니라 정무적 감각도 뛰어났다. 그는 노무현 정권 시절 이용훈 대법원장이 추진한 사법부 과거사 정리 작업*의 실무를 주도했다. 당시 엘리트 판사

---

* 이용훈 대법원장이 추진한 사법부 과거사 정리 작업은 사법부 역사상 처음 시도한 과거사 청산 작업이었다. 하지만 당시 노무현 정권이 추진했던 과거사정리위원회(경찰과 국정원에 설치됨)를 통한 방식은 아니었다. 이 대법원장은 사법부의 독립을 침해할 우려가 있다는 이유로 위원회를 설치하지 않고, 기존 사법 절차인 재심을 통하는 방식을 택했다. 하지만 법에 규정된 재심 요건이 워낙 까다로워서 실효성이 없다는 비판을 받았다. 그나마 이명박 정권이 들어선 이후에는 재심을 통한 과거사 청산도 흐지부지됐다.

들이 모인 법원행정처 사법정책실이 주관한 과거사 정리 작업은 과거 시국사건 재판에서 있었던 잘못을 밝혀내야 했기 때문에 탄탄한 법리로 무장돼 있어야 했다. 이용구는 그때의 경험을 바탕으로 문재인 정권의 검찰 과거사 조사 작업이 위법성 시비에 휘말리지 않도록 했다. 그 과정에서 검찰과거사진상조사단의 외부 단원들과 충돌을 빚기도 했다.[*]

이용구는 당시 김학의의 출국 가능성이 제기됐을 때 '긴급출금' 아이디어를 낸 당사자였다. 문재인 대통령의 특별담화에 대한 후속 조치를 논의하는 법무부 간부회의가 2019년 3월 20일에 열렸는데, 이 자리에서 이용구는 "김학의가 출국하려고 한다면 그걸 막는 방법은 긴급출금밖에 없다"는 의견을 냈다. 그는 검찰 주신문에서 그 이유에 대해 다음과 같이 진술했다. "김학의 출국을 막으려면 법무부 장관 직권으로 하거나, 수사기관의 요청에 의한 사전출금을 하거나 긴급출금을 하는 수밖에 없다. 대검에서는 김학의 관련 수사가 아직 진행된 게 없다고 하니 사전

[*] 당시 검찰과거사진상조사단의 외부 단원(변호사, 교수)들은 과거사위원회의 당연직 간사인 이용구 법무실장이 검찰 쪽 편을 든다고 공개적으로 비판했다.(〈검찰과거사위, 장자연 사건도 조사 방해〉, 《미디어오늘》, 2018년 12월 21일 등) 외부 단원들은 이용구가 진상조사단 조사 대상을 축소하고, 조사 결과를 왜곡하는가 하면, 진상조사단 활동 기한 연장도 방해한다고 주장했다. 반면, 이용구는 대법원 확정판결이 난 사건까지 재조사하는 것은 사법 체계를 뒤흔들 수 있어서 반대 의견을 표명했을 뿐, 조사를 방해한 사실이 없다고 반박했다. 양쪽의 충돌은 '검찰 과거사'에 대한 관점의 차이에서 비롯됐는데, 이러한 차이는 결과적으로 문재인 정권의 검찰 과거사 정리 작업이 별 성과를 거두지 못한 주요 원인이 됐다.

출금은 못하고, 그렇다면 장관이 직권으로 하거나, 그게 안 되면 긴급출금밖에 (선택지가) 없다는 것을 회의 참석자들이 모두 알고 있었다."

이용구가 마지막에 언급한 "긴급출금에 대해 회의 참석자 모두가 알고 있었다"라는 대목은 앞서 윤대진의 진술과 대비돼 중요한 의미가 있다. 당시 회의에는 박상기(장관)와 김오수(차관), 그리고 윤대진(검찰국장)이 참석했는데, 윤대진은 법정에서 긴급출금 제도가 있다는 사실을 나중에 검찰 수사를 받으면서 처음 알게 됐다고 증언했다. 두 사람 모두 같은 회의에 참석했는데, 증언은 서로 달랐다. 둘 중 누구의 말이 더 진실에 가까울까?

다른 증인의 진술이나 객관적 증거에 견줘 보면 이용구의 말이 더 진실에 가까워 보인다. 당시 상황을 가장 객관적으로 드러내는 증거인 봉욱의 문자메시지와 비교하면 더욱 그렇다. 봉욱의 문자메시지에는 "윤대진 국장으로부터 김학의 검사장이 출국수속을 밟는 것을 출입국 직원이 확인해 급히 긴급출금 조치를 했다는 보고를 받았습니다"라는 대목이 있다. 봉욱은 법정에서 이 사건이 발생하기 전에는 긴급출금 제도를 잘 몰랐다는 취지로 진술했다. 그런 봉욱이 총장에게 보낸 문자메시지에 "긴급출금"을 언급했다면 이에 앞서 보고자(윤대진)한테서 들었기 때문이라고 보는 게 가장 합리적이다. 이용구는 당시 윤대진이 김학의 긴급출금에 관여했음을 알 수 있는 진술도 했다.

검사: 증인이 당시 검찰국장(윤대진)에 전화한 이유는 뭔가?

이용구: 긴급출금 요청은 수사기관이 해야 한다. 그러려면 검사를 움직여야 하는데, 그건 대검이 결정해야 하고 대검 업무는 법무부에서 검찰국장이 맡아서 하니까 윤대진에게 전화한 거다.

검사: 증인의 말을 듣고 윤대진은 뭐라고 대답했나?

이용구: "알았다. 대검에 연락해 보겠다"고 했다.

검사: 그렇게 간단하게?

이용구: 그렇다.

검사: 윤대진이 검찰과 법정에서 진술한 내용에 따르면, 증인의 전화를 받고 "검찰에서 김학의 수사를 하는 게 아니기 때문에 대검에서 할 조치는 없을 것 같다"라고 했다는데 어떤가?

이용구: 그건 이후에 만들어진 말이다.

이용구는 "내가 전화를 한 다음 윤대진이 얼마 지나지 않아 나한테 전화했다. 윤대진의 말은 '대검 승인을 받았다. 이규원 검사가 출금을 요청할 것이다'라는 것이었다"라고 진술했다. 또 윤대진의 말을 듣고 "검찰총장의 승인을 받았다고 생각했다"라고 덧붙였다. 이 진술은 앞서 윤대진이 법정에서 한 증언이 사실이 아닐 가능성이 크다는 것을 보여 준다. 재판부도 이용구에게 이를 확인하려는 듯했다.

주심판사: (봉욱의 문자메시지에 따라) 당시 상황을 가정해 보면 다음 세 가지 가능성으로 추려지는 것 같다. 첫째, 증인이 대검에 긴급출금 승인을 받아 달라고 요청했는데 윤대진 검찰국장이 전달을 잘못했거나, 둘째 (윤대진 검찰국장이) 제대로 전달했는데 봉욱 대검 차장이 오해했거나, 마지막으로 봉욱 차장이 제대로 이해하고 승인했는데 총장에게는 허위로 보고했거나. 어떤가?

이용구: 윤대진 국장이 내 말을 제대로 이해했다면 봉욱 차장에게 승인을 요청했을 거다. 그래서 봉욱 차장이 이를 승인했고, 그에 따라 이규원 검사가 긴급출금을 요청한 게 제일 자연스러워 보인다.

주심판사: 윤대진은 법무부 출입국관리본부 직원들이 김학의 출국을 막기 위해 취한 조치를 총장에게 보고하는 과정에서 (봉욱이) 이를 긴급출금으로 오해했을 수 있다는 취지로 증언했다. 그건 자연스러워 보이나?

이용구: 대검 승인을 받아야 하는 게 당시 윤대진 국장의 임무였다.

재판장: 증인이 그날 윤대진과 통화한 용건이 대검 승인을 받아 달라는 것이었고, 이후 윤대진이 증인에게 전화해서 대검 승인을 받았다고 했는데, 누구한테서 받았는지는 말을 안 했다는 건가? 증인은 당연히 검찰총장인 줄 알았고?

이용구: 그렇다.

    이용구의 증언은 '대검의 승인을 받아 긴급출금 절차를 밟았다'는 피고인들의 주장에 힘을 실어 줬다. 대검의 승인 여부가 여전히 미스터리로 남았지만, 그건 검찰이 밝혀내야 할 몫이었다. 재판을 통해 정제된 증거(증언)들은 검찰국장(윤대진)과 대검 차장(봉욱) 선에서 긴급출금 승인이 이뤄졌음을 말하고 있었다. 검찰이 봉욱과 윤대진, 그리고 문무일(검찰총장)의 휴대전화를 압수해 포렌식을 했다면 대검 승인 여부가 명확하게 밝혀졌을 터였다. 결국, 검찰의 부실 수사가 거꾸로 검찰의 발목을 잡은 셈이었다.

진실과 거짓

재판이 막바지에 이른 시점, 피고인 쪽으로 유리하게 흐름이 바뀌자 검찰은 다급해졌다. 공소사실에 힘을 실어 줄 증인이 필요했으나 그럴 만한 사람이 별로 없었다. 시간도 많지 않았다. 재판장은 남은 증인 가운데 법정에서 증인신문이 꼭 필요한 이를 추려 달라고 요구했다. 이정섭과 검사들은 나름대로 자신들에게 유리한 증인을 고른다고 골랐는데, 결과적으로 패착이 됐다. 검찰이 고른 증인은 김학의와 스폰서 관계에 있던 건설업자 윤중천과 검찰과거사진상조사단에 참여했던 박준영 변호사였다.

검찰이 윤중천을 고른 의도는 검찰과거사진상조사단이 김학의를 피의자로 입건할 만한 혐의를 발견하지 못했음을 입증하려는 것이었다. 하지만 김학의와 공범 관계에 있는 증인의 진술을 재판부가 선뜻 믿어 줄 리 없었다. 우린 죄가 없다고 발뺌할 게 뻔했기 때문이다. 2022년 10월 21일 공판에 나온 윤중천은 검찰과 변호인의 질문에 횡설수설했다. 그는 김학의에게 대가를 바라고 뇌물을 준 사실이 없다고 했지만, 한편으론 용돈 수준의 돈을 정기적으로 줬다는 취지로 진술했다. 또 검찰과거사진상조사단이 자신과 김학의에 대한 재수사를 검찰에 권고한 것을 맹비난하면서도, "이 검사(이규원)가 이렇게 된 게 안타깝다"라고 했다. 윤중천은 검찰과 변호인의 신문에 답변하면서 재판부의 시선을 애써 피했다. 재판부도 그에게 별다른 질문을 하지 않았다.

박준영은 검찰의 '검찰개혁 음모설'에 가장 가까운 주장을 하는 증인이었다. 영화 〈재심〉의 실제 모델이기도 한 그는 경찰의 수사 과정에서 억울한 누명을 쓴 피해자들을 변론해 '재심 전문 변호사'로 알려진 인물이다. 약자의 편에 서서 정의를 추구하는 이미지를 가진 그가 문재인 정권의 '불순한 의도'를 증언해 준다면 검찰에 천군만마가 될 게 틀림없었다. 재판부가 그의 증언을 받아들이기만 한다면 말이다.

하지만 증인 박준영에겐 결정적 흠결이 있었다. 그가 김학의 긴급출금과 관련해 직접 경험한 사실이 거의 없다는 점이다. 그는 검찰과거사진상조사단의 김학의 사건에 대한 조사가 한창일 때는 조사단을 이미 탈퇴한 상태였다. 박준영은 2018년 11월

14일 김학의 사건이 재배당된 조사8팀에 합류했다가 한 달여 뒤인 그해 12월 24일 대검에 조사단 사퇴서를 제출했다. 김학의 사건 조사가 본격적으로 진행된 것은 2019년 1월부터였다. 따라서 박준영은 조사8팀에서 한 달여 동안 과거의 수사기록만 열심히 본 셈이다. 그가 알고 있는 조사8팀의 조사 내용은 단체 채팅방에 올라온 것들에 불과했다. 그마저도 그는 김학의 긴급출금 사태가 발생하기 2주 전인 2019년 3월 8일 단체 채팅방에서 탈퇴했기 때문에 극히 일부에 지나지 않는다.

직접 경험한 게 없다 보니 박준영의 진술은 증언이 아닌 추측에 가까웠다. 증언은 사실을 증명하기 위한 것이지만, 추측은 자기 생각대로 어림잡아서 말하는 것이다. 증언에는 개인적 감정이 반영되지 않을수록 힘이 실린다. 사실을 증명하려면 최대한 객관성을 유지해야 한다. 하지만 추측은 증명의 부담으로부터 자유로워서 상상의 나래를 맘껏 펼칠 수 있다. 박준영은 2021년 4월 검찰과거사진상조사단의 조사기록을 입수해 언론에 공개하면서 검찰의 '검찰개혁 음모론'에 힘을 실어 주기도 했다. 그는 당시《한국일보》인터뷰에서 다음과 같이 주장했다.

김학의 전 차관 사건은 정치적 이해관계에 따라 활용된 측면이 있다. 특히 여권에선 김학의 사건으로 사법 시스템을 바꾸는 개혁을 이야기했다. 김 전 차관 사건 때문에 검찰개혁을 한다는데, 정작 정확한 사건의 내용과 문제점은 드러나지 않았다. 김학의 사건의 배경, 이면에 숨겨진 사실, 복잡한 이해관계, 사건을 활용하려는 불순한 의도 등을 알게 된다면 앞으로 우리 사회에서 벌어질 여러 사건들이 정치적으로 활용되는 것을 막을 수 있겠다고 생각했다.[2]

문재인 정권이 김학의 사건을 검찰개혁의 불쏘시개로 활용했다는 주장은 언론 인터뷰에서라면 몰라도 법정에서 할 말은 아니었다. 하지만 그는 증인으로 출석한 2022년 11월 11일 공판에서 똑같은 주장을 했다. 물론 자신의 주장을 뒷받침하는 근거는 전혀 대지 못했다. 그럴 수밖에 없는 게 그가 이 주장과 관련해 직접 경험한 사실이 없었기 때문이다. 박준영은 불과 한 달여 기간에 불과한 경험과 단체 채팅방 '눈팅'으로 얻은 조각난 정보를 바탕으로 추측에 추측을 더했다. 재판장은 박준영의 진술이 증거로서 가치가 있는지 직접 확인에 나섰다.

재판장: 아까 대통령의 철저한 진상 규명 지시가 나온 이유는, 아마 피고인 이규원이 여러 사정을 (청와대에) 보고해서 그렇게 됐을 것이라고 증언한 것으로 기억하는데, 추론이나 의견 말고 (이를 뒷받침할) 어떤 구체적 근거나 객관적 사실이 있나?
박준영: 내 추정이다. 추정의 근거는, 첫째 당시 검찰과거사위

원회가 활동 기한 연장을 안 하기로 했다. 위원회가 아주 완강했다. 박상기 법무부 장관도 적극적이지 않았다. 그런데 그 흐름이 급변한 것은 대통령의 담화 때문이었다. 그렇다면 대통령을 가까운 거리에서 움직일 수 있는 사람이 관여했다고 보는 게 합리적이다. 진상조사단 운영 과정에 청와대 선임행정관인 이광철 비서관이 적극적인 역할을 해 왔고, 이규원과 상당히 긴밀하게 소통했다. 왜냐면 나도 사이가 좋을 때 소통을 많이 했으니까 (잘 안다). 그런 상황에서, 조사단 활동 기간을 연장하기 위해 여론에 흘려서 공분을 만들고, 민갑룡 경찰청장은 국회에서 김학의 동영상을 언급하는 등 자극적인 내용을 공개해 분위기를 조성했다. 내가 기억하기론 (2019년) 3월 말까지 김학의 사건은 조사 내용을 보고할 시안도 못 만들 정도로 조사된 게 없는 상태였다. 지금까지 이렇게 조사했고, 앞으로 어떻게 조사하겠다는 방향만 정한 상태였다. 그런데 누가 대통령한테 과거 검찰 수사에 문제가 많다고 보고했을까. 당시 법무부 장관은 사실 무능하고 무책임하고 아무것도 모르는 사람이었다.

추정에 의해 진술하고 있다고 당당하게 말하는 박준영의 태도에 피고인들은 분노했다. 재판에 출석한 증인은 스스로 경험한 사실을 진술해야 한다. 자기 생각이나 추측을 말하면 '증명력'*이 인정되지 않는다. 법조인이라면 응당 알고 있을 원칙을 무시하면서까지 박준영은 피고인들을 곤경에 빠뜨릴 수 있는 진술을 한 것이다. 특히 이광철은 분노를 넘어 배신감까지 느꼈다.** 이광철과 박준영은 애초 친분이 있었고, 검찰과거사진상조사단 활동 초기에는 '검찰 과거사 청산'이라는 목표에 의기투합하기도 했다. 그랬던 사이가 지금은 한쪽을 곤경에 빠트리고 있었다.

하지만 이광철은 박준영을 상대로 반대신문을 하지 않았다. 그의 변호인은 증인(박준영)이 퇴정한 뒤 증언에 대한 의견을 진술하겠다고 재판부에 말했다. 이는 박준영의 증언이 반대신문을 할 가치조차 없다는 점을 극적으로 드러내기 위한 재판 전략이었다. 변호사인 박준영으로선 모욕으로 받아들일 법했다. 실제로 박준영은 법정을 나가다 말고 다시 들어와, "어디 한번 (변호인 의견을) 들어 봅시다"라고 말하며 다시 증인석에 앉으려고 했다. 그러자 재판장은 "증인, 피고인들이 곤란해 하니까 돌아가

* '증명력'은 증거의 실질적 가치, 즉 채택된 증거가 범죄 사실을 얼마나 입증하는지를 가리키는 말이다. 이에 반해 '증거능력'은 어떤 증거가 엄격한 증명의 자료로 사용될 수 있는 법률상의 자격을 말한다. 위법수집증거배제법칙, 자백배제법칙, 전문법칙에 의해 증거능력이 없는 자료는 증거로 쓸 수 없다. 증거능력은 법률에 의해 정해지지만, 증명력은 판사의 자유심증에 맡겨져 있다.
** 이광철은 박준영 증인신문 공판이 끝난 뒤 필자와 만났을 때 그의 진술에 대해 "마치 연예인을 보는 것 같았다"라고 촌평했다. 자기 생각을 마치 법정 드라마의 주인공처럼 열정적으로 진술한 것을 비꼰 것이다. 필자는 박준영에게 그런 증언을 한 이유를 묻기 위해 인터뷰를 요청했으나, 그는 고사했다.

시라"고 했고, 박준영은 피고인 쪽을 향해 "떳떳하게 말씀하셨으면 좋겠습니다"라고 말한 뒤 법정을 빠져나갔다. 그가 나간 뒤 변호인은 다음과 같은 의견을 밝혔다.

반대신문을 하지 않은 것은 두 가지 이유에서다. 첫째, 무익하다. 검찰의 입증 취지에 대해 박준영 증인이 직접 경험한 사실이 전무하다. 둘째, 해롭다. 증인이 가진 사건에 대한 편향적 인식과 피고인에 대한 반감으로 자칫 사건이 왜곡될 수 있기 때문이다. 검찰은 지난 공판 때 박준영을 증인으로 신청한 취지에 대해 조사8팀의 김학의 사건 조사가 당시 어떤 상태였는지 누구보다 잘 알고 있다고 했다. 그런데 그렇지 않다. 박준영은 2019년 3월 8일 단체 채팅방에서 퇴장했고, 그 후 8팀의 조사 과정에 대해 본인이 경험한 바가 없다. 3월 22일 김학의에 대한 긴급출금 때 김학의가 피의자였는지에 대해 3월 8일 이전에 경험한 사실을 바탕으로 의견을 개진한 것에 불과하다. 증인은 김학의 사건이 재배당된 지 불과 한 달 만인 2018년 12월 24일 대검에 사퇴서를 냈다. 증인은 조사8팀 단체 채팅방에 2019년 3월 8일까지 남아 있었다는 이유로 조사단 탈퇴 시점이 3월 9일이라고 주장하나, 실제로는 사퇴서를 대검에 제출한 직후부터 조사8팀 멤버십이 소멸된 것이다. 김학의 사건 수사와 관련한 8팀과 박준영의 소통은 그 시점부터 중단됐다. 8팀 단체 채팅방에 올라온 자료는 검찰과거사위원회에 공유되는 자료 정도다. 윤중천 2회 면담조사 등 중요한 조사는 증인이 사퇴서를 대검에 접수한 이후부터 시작됐다. 이런 상황에서 8팀 조사 과정에 대해 정보를 입수한 건 언론보도 외엔 최준환 검사의 전언이 사실상 유일하다. 정보의 양적 측면에서 증인이 경험한 사실은 제한적이다. 이조차도 최검사의 관점에 따라 가공된 2차 정보에 불과하다.

박준영이 김학의 긴급출금과 관련해 조사8팀에서 진행된 상황을 알게 된 것은 이 팀에 있는 최준환 검사를 통해서였다. 두 사람은 김학의 사건을 보는 관점이 비슷해서 조사8팀에 있는 동안 가깝게 지냈다. 이들은 성 접대 피해 여성들의 진술이 믿을 수 없을 뿐 아니라 오히려 무고에 가깝다고 판단했다. 또 김학의 사건이 정치적 목적으로 이용되고 있다고 생각했다. 박준영은 최 검사가 선배인 이규원과 함께 '윤중천 면담보고서'를 허위로 작성했다는 의혹에 연루돼 검찰 수사를 받을 때 그의 변호사로 선임되기도 했다. 최 검사는 이규원과 함께 윤중천을 두 차례 면담한 뒤 작성한 면담보고서에 "윤석열 검사"라고 적어 넣고도 나중에 검찰 수사를 받을 때 이를 부인했다. 자신이 면담보고서 초안을 작성했으면서도 윤중천한테서 윤석열 검사 이름을 들은 기억이 없다는 취지로 진술해, 이를 허위 진술로 판단한 수사팀에 의해 긴급체포될 뻔했다. 하지만 박준영의 변론이 통했는지 구속되지 않았고 기소가 되지도 않았다.

"미란다와 김학의는 다르다"

검찰은 2022년 12월 16일 열린 결심 공판에서 차규근과 이규원에게 각각 징역 3년을, 이광철에게는 징역 2년을 구형했다. 이날 검찰 논고에 나선 이정섭은 다음과 같이 주장했다.

> 저희 수사팀은 고도의 청렴성이 요구되는 고위 공직자가 부적절한 접대를 받아 국민의 공분을 일으킨 당사자를 옹호하고자 하는 마음은 추호도 없다. 이 사건 발생 이후 꾸려진 검찰 수사단에서 (김학의를) 가혹할 만큼 철저히 수사해 구속기소하기도 했다. 그러나 국가기관이 행사하는 공권력은 개인에게 가한 폭력이기도 하다. 그래서 항상 공권력을 행사할 때는 어떤 경우에도 적법 절차를 지켜야 한다. 이를 지키지 않으면 국민 누구나 피해자가 될 수 있다. 국민적 비난을 받게 된 사람을 상대로 공권력을 행사할 때 적법 절차에서 예외를 두고 싶은 유혹에 빠진다. 지금은 아무도 의문을 제기하지 않고 포기할 수 없는 원칙으로 확립된 미란다 원칙에서 보듯 적법 절차 원

칙은 어떤 경우에도 포기할 수 없다. 극악무도한 범죄자를 상대할 때도 철저히 절차를 지킬 때 그 빛을 발한다. 그것이 가능할 때 우리는 법치국가에 살고 있다고 자신 있게 말할 수 있을 것이다. 수사의 적법 절차 준수 원칙과 인권 옹호라는 본연의 사명을 생각할 때 적법 절차 준수는 검찰이 절대 포기할 수 없는 원칙이다. 그럼에도 불구하고 진실 발견의 과제 앞에서 수사 본능이 더 크게 발휘되면 현실적으로 선을 넘고 싶은 유혹에 빠질 가능성이 있다. 법원이 이러한 현실을 용납하면 공권력을 유혹의 세계로 내모는 것이라고 생각한다. 대한민국의 수많은 법 집행 기관에 그래도 된다는 메시지를 주는 것이다. 재판부는 이번 사건에서도 급하면 어쩔 수 없다는 생각은 엄연히 잘못된 생각이라는 것을 알려 주시고 법치의 엄정함을 보여 줄 것이라 믿어 의심치 않는다.

검찰의 논고는 국가의 형벌권 행사에서 절차적 정의의 중요성을 강조한 것이었다. 하지만 절차적 정의 못지않게 중요한 것이 바로 실체적 정의다. 이정섭의 주장에는 검찰이 '제 식구 감싸기'로 김학의 사건의 실체를 왜곡시킨 것에 대한 반성은 전혀 없었다. 이정섭은 한술 더 떠 김학의가 '무고한 시민'이라고 주장했다. 무고한 시민인 그를, 국가가 정치적 목적을 달성하기 위해 사찰하고 이동의 자유를 제한했다는 논리를 폈다.

어떤 사람들은 이 사건을 한국판 미란다 사건이라고 한다. 하지만 미란다 사건은 납치, 강간 등을 저지른 중범죄자도 자신의 권리를 제대로 고지받지 않은 상태에서 한 진술이 비록 자백일지라도 유죄의 증거가 안 된다는 취지의 판결이다. 반면, 이 사건은 어떤 범죄가 확인된 것도 아니고 수사 중인 것도 아니다. (…) 내용 면에서 전혀 다르다. 따라서 이 사건을 미란다 사건에 비유하는 것에 동의하지 않는다. (…) 당시 김학의에게 도대체 무슨 범죄가 확인된 건지, 아니면 무슨 범죄 혐의를 받아 수사가 진행 중이었는지 (모르겠다). 필요에 의한 여론 몰이를 통해 악마화된 전직 공무원에 대해 여러 국가기관이 나서서 출국 여부를 감시하다, 출국을 시도하자 법적 절차를 깡그리 무시한 채 출국을 강제로 막은 것이다.

이정섭의 논고는 검찰이 이 사건을 어떻게 바라보는지를 잘 보여 준다. 그들에게 '김학의 불법출금 의혹 사건'은, 검찰의 과거를 트집 잡아 검찰개혁이라는 명분으로 검찰을 무력화하려는 음모이자, 운동권 출신 정치집단의 국기문란 범죄일 뿐이었다. 따라서 검찰의 자존심을 걸고 철저한 수사를 통해 합당한 대가를 치르게 해야 한다. 그래야 검찰의 권위가 바로 설 수 있다고 믿었다. 하지만 검찰의 이러한 희망은 1심 판결 선고기일에 보기 좋게 깨지고 만다.

무죄 판결

2023년 2월 15일 서울중앙지법 509호 법정에 팽팽한 긴장감이 감돌았다. 전례도 없고 앞으로 또 다시 일어날 것 같지도 않은 희대의 사건에 대한 1심 결과를 보려는 사람들로 방청석이 가득 찼다. 피고인의 변호인들이 앉을 자리가 부족할 정도였다. 형사 법정의 방청객들은 대부분 피고인과 관련이 있는 사람들이다. 선고 결과에 따라 천당과 지옥을 오갈 혈육이거나, 가족과 다름 없이 지내는 지인들이다. 이들의 바람은 단 하나, 무죄가 선고되는 것이다. 하지만 형사재판에서 1심 무죄가 선고될 확률은 1퍼센트가 채 안 된다.* 무죄를 바라는 것은 극히 희박한 확률을 뒤집는 기적을 바라는 것과 같다.

피고인들은 방청객보다 더 긴장했다. 다른 피고인의 변호인 (또는 검사)으로 법정에 서본 경험이 적지 않은 이들이었다. 그런데도 마스크로도 숨길 수 없는 긴장감이 느껴졌다. 자신의 변호인과 얘기할 때는 애써 담담한 표정을 지어 보였지만, 마음속 깊은 곳에 깔린 두려움과 불안까지 숨길 수는 없는 듯했다. 법정 안에서 상대적으로 분위기가 밝은 곳은 (판사들이 앉는 법대를 제외하고) 검찰석이었다. 이정섭을 비롯한 검사들의 표정은 상대적으로 여유가 있어 보였다. 애초 유죄가 선고될 만한 사건을 기소하기 때문에 검사는 재판에서 자신감을 보이게 마련이다. 물론 선고기일엔 검사들도 긴장하지 않을 수 없지만, 겉으로 티를 내지 않으려고 노력한다.

재판부가 등장하자 법정의 긴장감은 더욱 고조됐다. 재판장은 자리에 앉자마자 피고인들에게 "주문을 읽는 데 시간이 좀 걸릴 테니 앉아서 들으시라"고 말했다. 순간 긴장감이 조금 누그러지는 듯했다. 재판장은 긴급출국금지 제도의 요건에 대한 재판부의 판단부터 설명하기 시작했다.

---

* 대검찰청 검찰통계시스템 자료에 따르면, 2022년 기준 1심 무죄율은 0.94퍼센트, 2심 무죄율은 1.56퍼센트이었다. 이 통계가 작성되기 시작한 2013년부터 2022년까지 1심 무죄율은 1퍼센트를 넘지 않았고, 2심 무죄율은 2013년 2퍼센트에서 계속 떨어져 1퍼센트대를 유지하고 있다.

긴급출국금지의 조건은 사형 또는 무기, 장기 3년 이상 징역형에 해당하는 범죄를 저질렀다고 볼 만한 상당한 이유가 있어야 한다. 여기서 죄를 범했다고 의심할 만한 상당한 이유는 막연한 의심이 아니라 소명자료에 의해 특정되는 객관적, 합리적 행위다. 수사기관의 일방적 요청만으로도 (법무부) 장관이 승인 여부를 결정할 때까지 출국을 금지하는 긴급출금은 범죄 혐의 상당성을 엄격히 판단할 수밖에 없고, 또 조건을 갖췄는지는 사후에 판단하는 게 아니라 긴급출금 당시의 상황을 기초로 판단해야 한다. 과거 수사기록과 진상조사 과정에서 이뤄진 윤중천의 진술을 보면, 김학의가 윤중천에게서 수천만 원의 금품을 받았음을 의심할 만한 혐의가 있고, 이는 수사를 개시할 사유가 충분히 된다고 본다. 그러나 그 당시를 기준으로 피고인 이규원이 파악하던 증거관계만으로는 김학의가 윤중천으로부터 수천만 원의 금품을 받았다는 혐의가 막연한 주관적 의심을 넘어 소명자료에 의해 객관적, 합리적으로 뒷받침될 정도로 소명되지는 않았다. 왜냐하면 당시로서는 뇌물수수 요건인 대가관계 등을 확인할 자료가 없고, 뇌물수수액 합계가 1억 원이 넘지 않아서 공소시효(10년)가 완성됐다고 봐야 할 상황이었다.

재판장이 여기까지 설명했을 때 법정이 잠시 술렁였다. 김학

의가 당시 긴급출금의 요건에 해당하는 범죄 피의자가 아니었다는 취지의 설명은 피고인에게 불길한 예감을 갖게 했다. 검사들의 얼굴엔 마스크로도 가릴 수 없는 회심의 미소가 번졌고, 피고인석에는 무거운 침묵이 흘렀다. 재판장의 설명은 계속됐다.

하지만 김학의에 대한 긴급출금이 법률상 일부 요건을 갖추지 못해 위법하다고 해도, 이를 직권남용에 해당한다고 섣불리 판단하면 안 된다. 이규원과 차규근의 행위가 직권남용인지는 구체적 직무 행위의 목적, 필요성, 상당성 등 여러 요소를 고려해야 하고, 위법부당의 정도가 본래의 직무 수행이라고 평가할 수 없을 정도에 이른다고 판단해야 한다. 이런 기준으로 이규원과 차규근이 각각 검사와 출입국본부장으로서 직권을 남용했는지 살펴본다.

김학의가 출국을 시도할 때 김학의 사건에 대한 재수사는 기정사실화된 상태였다. 피고인들을 비롯해 법무부와 대검은 김학의 출국 시도 전부터 재수사를 예상했고, 아직 정식으로 입건되지 않은 김학의의 경우에도 재수사를 위해 출국이 적당하지 않은 것으로 판단해 일반 출국금지를 하는 게 충분히 가능한 상황이었고, 실제 일반 출국금지 실행을 그 이전에 검토하기도 했다. 항공기 이륙 시간을 1시간 30분 앞둔 상황에서 김학의의 출국 시도를 파악하게 된 차규근으로서는 일반 출국금지로 김학의 출국을 금지하거나, 긴급출국금지로 금지하거나, 아니면 김학의 출국을 용인하는 것 중 하나를 선택해야 하는 상황에 직면했다. 이규원도 같은 시간적 제약 아래 긴급출금 요건 등을 검토해서 실행 여부를 판단할 수밖에 없었다. 김학의 사건 재수사가 임박한 상황에서 수사대상자가 될 게 확실한 김학의의 출국 시도를 저지한 것은 목적의 정당성이 인정되고, 출국을 그대로 용인했을 경우 재수사는 난항에 빠져 검찰 과거사에 대한 국민적 의혹의 해소가 불가능했을 것이라서 그 필요성과 상당성도 인정된다.

김학의는 범죄 혐의의 상당성을 인정할 만한 수준에 이르지 못했기 때문에 결과적으로 그에 대한 긴급출금은 법률상 요건을 충족하지 못한 그릇된 선택이었으나, 당시 김학의에 대해서는 일반 출금은 충분히 가능했다는 점에서 애초부터 어떤 방법으로도 출국금지를 할 수 없는 일반인의 출국을 제지한 경우와는 달리 평가돼야 한다.

순간 법정의 기류가 정반대로 바뀌었다. 불과 얼마 전까지 여유가 넘치던 검사들의 표정이 어두워지고 변호인들의 표정은 밝아졌다. 방청객들은 1퍼센트 미만의 확률에 불과한 일이 실제 일어날지 모른다는 기대감에 들떠 있었다. 재판장의 설명이 이어졌다.

김학의가 출국금지된 이후 출범한 검찰 특별수사단이 철저한 재수사를 통해 김학의를 특가법으로 구속기소한 사정을 고려하면, 범죄 혐의는 있으나 그 혐의 정도가 긴급출금에서 요구하는 상당한 정도까지 이르지 못한 김학의 출국을 제지한 것은, 어떤 범죄 행위가 없는 무고한 일반인의 출국을 제지한 것과 달리 봐야 한다. 이규원은 (긴급출금) 요청 과정에서 서울동부지검장의 대리인 자격으로 모용한 서류를 작성했는데, 검사는 단독관청이라는 지위를 감안할 때, 이규원이 만약 서울동부지검장의 대리인 자격으로 출금 승인 요청서를 작성했다면 그게 반드시 위법하다고 평가할 수만은 없다는 점에서 애초부터 법률상 권한 없는 자가 공무원의 자격을 모용해 공문서를 작성한 경우와도 위법 정도가 달리 판단되어야 한다.

결국, 이규원과 차규근이 일반 출국금지의 방법으로 출국을 막았더라면, 위법 논란이 벌어지지 않았을 것이라는 점에서, 이규원과 차규근의 잘못은 김학의의 출국 시도를 제지한 것 자체가 아니라 다른 적법 수단으로 출국금지가 가능한데도 긴급출금의 수단을 선택했다는 데에 있다. 이런 관점에서 보면 이규원과 차규근에게 직권남용의 고의가 있었다고 섣불리 단정할 수 없다.

피고인석의 차규근은 두 눈을 지그시 감았다. 이규원은 안도의 한숨을 내쉬는 듯 마스크가 볼록해졌다가 가라앉았다. 이광철은 미동도 없이 정면을 바라보고 있었다. 그의 시선이 꽂힌 곳에 당황한 표정의 검사들이 앉아 있었다. 벌게진 얼굴로 각자의 노트북에 시선을 고정한 채였다. 재판장의 설명은 결말을 향했다.

긴급출금은 축적된 법리나 판례가 거의 없어서 검사들에게도 생소한 제도다.* 법무부와 대검도 이 사건의 수사개시 전 김학의에 대한 출금이 적법하다는 입장을 밝혔다. 증인으로 출석한 여러 법조인들도 긴급출금의 법률상 요건 충족 여부에 대해 서로 다른 견해를 밝힐 정도로 법률적 판단이 쉽지 않은 사안이라는 점을 고려하면, 당시 매우 긴박한 상황에서 이규원과 차규근이 법률상 요건을 충족하지 못한 긴급출금을 실행했다고 해서 이를 곧바로 직권남용의 고의가 있다고 볼 수 없다. 이규원은 이광철로부터 (대검의) 긴급출금 승인 사실을 전달받고 출금 절차를 진행했다. 당시 이규원으로서는 이미 법무부와 대검 지휘부에서 출금을 결정한 상황에서 자신은 김학의에 대한 긴급출금 실무 절차의 집행에 관여만 하면 되는 것으로 생각했을 가능성이 크다. 김학의 출국시도를 저지한 것은 재수사가 임박한 주요 사건 당사자의 해외도피 차단을 위한 것이지, 개인적 이익이나 청탁, 불법 목적의 실행을 위해서라

---

* 실제로 김학의에 대한 긴급출국금지에 관련된 검사들, 위로는 문무일 검찰총장부터 아래로는 이정섭을 비롯한 수사팀까지 긴급출금을 실행해 본 검사는 단 한 명도 없었다.

고 볼 만한 아무런 증거가 없다.

이런 사정을 종합하면 이규원과 차규근(의 행동)은 직권남용이라 할 수 없고, 그 고의가 있다고 볼 수도 없다. 따라서 이규원과 차규근을 직권남용 권리행사방해로 처벌할 수 없다. 나아가 이규원과 차규근이 직권남용을 하지 않은 이상 이광철도 공범으로 처벌할 수 없다. 피고인들의 직권남용에 대한 공소사실은 모두 무죄다.*

순간 방청석에서 미세한 환호성이 터져 나왔다. 피고인의 지인들은 눈으로 함박웃음을 주고받았다. 일부는 감정이 복받치는 듯 눈물을 훔치기도 했다. 재판부가 퇴정한 뒤 피고인들은 축하 인사를 받느라 정신이 없었다. 법정 안을 숨 막히게 했던 긴장감은 먹구름 가시듯 말끔히 사라졌다. 단 한 군데, 예외인 곳

---

* 재판장(서울중앙지법 형사합의27부 김옥곤 부장판사)은 이규원의 자격모용공문서 작성 혐의에 대해서는 선고유예(징역 4개월) 판결을 내렸다. 검찰은 이규원이 당시 한찬식 서울동부지검장의 대리인 자격을 허위로 기재해 출국금지 요청서를 만들고 이를 은닉했다며 별도 혐의로 기소했는데, 이에 대해서는 유죄를 인정한 것이다. 선고유예는 일정 기간 형의 선고를 유예하고, 그 유예 기간을 사고 없이 지내면 형의 선고를 면하는 처분이다.

이 있었다. 바로 검찰석이었다. 이정섭*을 비롯한 검사들은 침통한 표정을 감추지 못했다. 그들은 재판이 끝난 뒤에도 한동안 자리에서 일어날 줄을 몰랐다.

검찰의 충격은 이날 오후 이성윤에 대한 선고 공판에서도 재연됐다. 김학의 긴급출금 사건을 심리한 재판부가 이성윤의 '수사 무마 의혹 사건'도 심리했는데, 결과는 무죄였다.** 사실상 같은 내용의 사건에서 무죄가 났으니 당연한 결과였다. 김학의에 대한 긴급출금이 불법이 아닌데, 누구든 이를 수사하겠다는 것을 제지한 게 죄가 될 리 없었다. 재판부는 안양지청 수사팀의 수사를 무마한 주체는 이성윤이 아니라, 법무부 검찰국장인 윤대진과 안양지청 지휘부의 판단이 함께 작용한 결과라고 판단했다. 검찰의 완패였다.

---

* 윤석열 사단의 '행동대장'으로 불린 이정섭 검사는 2023년 9월 수원지검 2차장검사로 영전해 이재명 대표에 대한 수사를 총괄하는 임무를 맡았다. 하지만 그해 10월 국회 국정감사에서 대기업 고위 임원의 향응 제공, 처남이 운영하는 용인CC 골프장 직원에 대한 전과 기록 조회, 딸의 초등학교 입학을 위한 위장전입 의혹 등이 제기됐다. 검찰은 이 중 일부 혐의가 드러나자, 이정섭을 대전고검 검사 직무대리로 발령을 낸 뒤 감찰 및 수사에 착수했다. 국회는 더불어민주당 주도로 '이정섭 검사 탄핵안'을 통과시켜 헌법재판소의 탄핵 재판이 진행되고 있다.

** 이성윤은 2심에서도 무죄를 선고받았다. 서울고법 형사5부(재판장 서승렬)는 2024년 1월 25일 직권남용 권리행사방해 혐의로 기소된 이성윤에게 1심과 마찬가지로 무죄를 선고했다.

2퍼센트 부족한 무죄

그러나 김학의 긴급출금 사건 1심 판결은 피고인에게도 적잖은 아쉬움을 남겼다. 이 판결은 긴급출국금지의 법적 성격에 대한 사법부의 첫 판단으로 앞으로 비슷한 사건이 발생했을 때 판사들이 참고할 판례가 된다. 하지만 긴급출금의 요건에 대한 1심 재판부의 판단은 자칫 잘못된 결론으로 귀결될 여지를 남겼다. 1심은 당시 김학의에게 '범죄 혐의가 있었으며, 따라서 검사가 충분히 수사를 개시할 수 있던 상황이었다'고 판단하면서도, 그가 해외 출국을 시도한 시점(2019년 3월 23일)에는 '막연한 주관적 의심의 정도를 넘어 소명자료에 의해 객관적·합리적으로 뒷받침되는 상당한 정도의 혐의에 이르지 못했다'고 봤다.[3] 이런 맥락에서 김학의에 대한 긴급출금이 법적 요건을 충족하지 못했다고 본 것이다.*

재판부의 이런 판단에는 모순이 있다. 형사소송법에 따른 수사 개시 요건은 충족했지만, 그 수사를 개시하기 위한 긴급출금의 요건은 충족하지 못했다고 보는 것은 앞뒤가 맞지 않는다. 이 논리에 따르면 수사를 막 시작하는 시점에서 수사대상자의 기습적인 해외 도피를 막을 수 없다. 정식 피의자로 입건된 상태가

---

* 재판부는 김학의에 대한 긴급출금 요건은 충족되지 않았다고 봤지만, 피고인들에게 직권남용의 고의가 없었다고 판단해 직권남용 혐의에 대해 무죄를 선고했다.

아니기 때문에 긴급출금을 할 수 없다면 일반 출국금지를 해야 하는데, 그렇게 되면 시간이 더 걸려서 긴급한 상황에 대처할 수 없게 된다. 결과적으로 긴급출금 제도가 수사 개시를 방해하는 상황이 초래될 수 있는 것이다.

검찰의 공소사실은 긴급출금의 요건을 긴급체포와 같은 수준으로 엄격하게 판단하는 것을 전제로 한다. 긴급출금과 긴급체포의 요건이 '사형 무기 또는 장기 3년 이상의 징역이나 금고에 해당하는 죄'로 문언적으로 일치하기 때문에 긴급출금을 긴급체포와 마찬가지로 엄격하게 해석해야 한다는 주장이다. 하지만 긴급출금과 긴급체포는 도입 배경과 목적이 근본적으로 다른 제도다. 긴급체포는 수사기관의 불법적인 수사 관행을 막기 위해 도입됐다. 과거 수사기관이 법원이 발부한 영장 없이 마음대로 수사대상자를 체포하던 불법적인 관행을 근절하기 위한 것이다. 긴급체포는 긴급한 상황에서 영장 없이 체포하는 것을 허용하되 48시간 안에 사전구속영장을 청구하거나 그렇지 않으면 반드시 풀어 줘야 한다.

그러나 긴급출금은 수사기관의 수사 편의를 위해 도입된 제도다. 특히 경찰의 경우 검사의 수사 지휘를 받아야 하는 절차 때문에 출국금지에 시간이 걸린다. 경찰의 출국금지 절차는 '일선 경찰→검사 지휘→경찰청→법무부 출입국심사과' 단계를 거쳐야 한다. 이 때문에 긴박한 상황에서는 수사대상자의 도피를 막는 데 어려움이 있다. 긴급출금은 이런 문제를 해결하기 위해 출국금지 절차를 '일선 경찰→인천공항 출입국청'으로 간소화한 것이다(검찰의 경우에도 검사→인천공항 출입국청 절차를 거친다). 일단 출국금지를 시켜 놓고 사후에 법무부 장관의 승인을 받는 것이다. 긴급출금을 한 뒤 법무부에 승인을 요청하지 않으면 6시간 동안만 출국을 막을 수 있고, 승인을 요청한 때에는 18시간 동안 해외 출국을 막을 수 있다. 만약 법무부 승인이 나지 않으면 18시간이 지난 후에는 출국을 허용해야 한다.

그런데 2010년 국회에서 긴급출금 제도를 도입할 때 법제사법위원회 전문위원실*에서 긴급체포 제도를 준용하는 바람에 검찰의 주장과 같은 '오해'가 발생했다. 성격이 전혀 다른 제도인데도 이름에 똑같이 '긴급'이라는 글자가 들어간다는 이유로 국회 전문위원들이 어처구니없는 실수를 저지른 것이다. 피고인들은 1심 판결을 통해 긴급출금 제도의 법적 성격이 판례로 명확하게 규정되기를 바랐지만, 1심 재판부는 이를 면밀하게 검토하지 않고 곧바로 직권남용의 고의성 여부를 판단한 뒤 무죄를 선고했다.

일부 언론은 이를 빌미로 1심 재판부를 맹비난했다. 대표적인

---

* 국회 전문위원은 국회의원은 아니지만 국회의 각 상임위원회에 소속되어 국회의 입법 기능을 돕는다. 국회 법제사법위원회 전문위원으로는 법원과 검찰에서 파견된 판사와 검사가 각각 두 명씩이 있었으나, 문재인 정권 때인 2018년 '사법농단' 사건이 터진 이후 법원과 검찰 모두에서 전문위원 파견을 없앴다.

게 《조선일보》다. 이 신문은 사설⁴에서 아무리 흉악범이라도 그를 단죄하는 과정에서 적법 절차를 따르는 것이 법의 대원칙이라고 강조하며, 난데없이 미란다 원칙을 들고나와 판결을 비판했다.

그러나 이러한 비판은 이 사건의 본질을 교묘하게 왜곡한다. 검찰이 제 식구에 대한 노골적인 봐주기 수사로 국가의 사법 질서를 왜곡해 놓고 그에 대한 책임을 물으려던 이들에게 보복 수사를 한 것이 이 사건의 본질이다. 《조선일보》의 비판은 실체적 정의를 좇는 과정에서 생긴 절차적 흠결을 마치 이 사건의 본질인 것처럼 호도한다. 엉뚱하게도 절차적 정의를 상징하는 미란다 원칙이 여기에 소품으로 이용됐다.

공익 신고로 검찰 수사를 촉발했던 장준희는 언론 인터뷰를 통해 1심 판결을 맹비난했다. 그는 《조선일보》와의 인터뷰에서 '나쁜 사람'이라고 지목된 김학의 전 차관과 마찬가지로, 정치권이 지목한 반대세력에 대해서는 수단과 방법을 가리지 말고 수사하라고 용인한 것이나 마찬가지라며, '법치와 인권을 후퇴시킨 판결'이라고 했다.⁵ 그러나 이 사건의 전모를 알면 그의 견해에 동의하기 어렵다. 이 사건의 원인을 제공한 검찰의 '김학의 감싸기'야말로 '법치와 인권을 후퇴시킨' 수사였다.

포기할 수 없는 싸움

검찰은 2023년 2월 20일 1심 판결에 불복해 법원에 항소장을 제출했다. 검찰은 그로부터 7개월 후(2023년 9월 18일)에 열린 항소심 첫 공판에서 다음과 같은 항소이유를 밝혔다.

> 김학의 사건은 문재인 정권이 검찰개혁의 원동력으로 삼으려고 한 사건이다. 대통령(문재인)과 법무부 장관(박상기)의 지시에 따라 김학의를 불법출금했다. 명백한 민간인 사찰이자, 반헌법적 인권 침해 행위다. 적법 절차는 법치주의의 핵심이다. 대통령의 지시에 따라 적법 절차를 위반하면서 법을 집행하는 것은 과거 군주제에서나 가능한 일이다.

검찰이 발언하는 동안 차규근과 이광철, 이규원은 차분한 표정으로 피고인석에 앉아 있었다. 이번에는 마스크를 쓰지 않은 채였다. 그 사이 법원은 정부의 코로나 방역지침 완화에 따라 법정에서 마스크와 가림막을 모두 없앴다. 피고인과 검사들은 항소심 재판에서 서로 맨얼굴을 보면서 법리 공방을 해야 한다. 검사의 진술이 끝나자, 차규근이 피고인을 대표해 마이크를 잡았다. 그는 피고인 모두진술을 위해 293쪽 분량의 프레젠테이션

자료를 준비했다. "재판장님, 피고인 모두진술에 두 시간 정도 걸릴 것 같습니다. 양해해 주시면 바로 시작하겠습니다." 재판장은 가급적 시간을 줄여 달라고 주문했다. "검사의 항소이유는 사건의 전체가 아닌, 일부분만 발췌한 주장일 뿐입니다." 차규근은 특유의 카랑카랑한 목소리로 진술을 시작했다. 또다시 긴 싸움이 시작됐다.

검찰정권의 배신

지난 2022년 20대 대선에서 투표권을 행사한 유권자의 다수는 검찰개혁에 저항한 검찰총장 출신의 대선 후보를 선택했다. '촛불 정부'를 자임한 문재인 정권이 '촛불 정신'을 제대로 구현하지 못한 데 대한 실망감이 크게 작용한 결과다. 토론과 타협을 배제한 일방통행식 국정 운영을 일삼는 '검찰국가'를 맞게 될 것이라는 우려를 무릅쓴 것이기도 했다. 한편으로는 '검찰 엘리트' 세력이 '내로남불'에 찌든 민주화운동 세력보다 유능하고 공정하며 상식적일 것이라는 기대가 있었을 것이다. 하지만 지금 '검찰정권'은 자신을 선택한 유권자의 기대를 배반하고 있다. 정치, 경제, 사회 등 거의 전 분야에 걸쳐 공정하지도, 상식적이지도 않은 일들이 일어난다. 나라 안팎의 재난과 위기에 대응하는 정부의 능력은 오히려 뒷걸음질한 것 같다. '눈 떠보니 후진국'이라는 말이 자연스럽게 들릴 정도다.

그 '배신'의 한 축에 검찰이 있다. 윤석열 정권은 검찰을 국정 운영의 핵심 동력으로 사용한다. 행정부처의 하나인 검찰이 대통령의 국정 철학에 맞게 검찰권을 행사하는 것을 잘못이라 할 수 없다. 문제는 윤 대통령의 국정 철학에 있다. 그는 민주주의를 지키는 핵심 원칙인 삼권분립의 정신과 언론의 자유를 존중할 의사가 없어 보인다. 국민의 대표인 국회와 사회적 공기公器인 언론이 해야 할 정권 견제 및 비판 기능을 인정하지 않으려고 한다. 그에게 국회 다수당이자 제1야당인 더불어민주당은 국정 운영의 경쟁자가 아니라 척결해야 할 적대 세력에 불과하다. 자신을 비판하는 언론은 가짜 뉴스의 생산자로 보일 뿐이다. 이러한 윤 대통령의 비정상적인 통치 철학을 물리력으로 떠받치는 조직이 바로 검찰이다.

'윤석열 사단'이 장악한 검찰은 지난 대선 때 윤 대통령의 경쟁자였던 제1야당 대표를 대선이 끝난 뒤에도 줄기차게 수사했다. 윤 대통령의 검찰 후배인 한동훈 법무부 장관과 이원석 검찰총장은 임기 내내 이재명 대표를 겨냥했다. 검찰이 야당 대표를 이렇게 오랜 기간 수사한 것은 전례가 없는 일이다. 검사 출신인 국민의힘 소속 홍준표 대구시장조차 "정권 내내 이재명 대표 수사하다 끝나겠다. 옛날에는 아무리 큰 사건도 두 달 이상 끌지 않았다"라고 지적할 정도다.[1] 검찰이 이재명에게 쏟아부은 수사력은 어마어마하다. 더불어민주당의 집계에 따르면 이재명의 구속영장이 기각된 2023년 9월 27일을 기준으로 이재명 관련 압수수색은 무려 376회였다.*

---

* 검찰은 이재명 대표에 대한 압수수색 건수가 민주당 주장의 10분의 1 수준인 36회라고 반박한다. 수사팀이 재편된 2022년 6월 이후 실제 발부받아 집행한 영장을 확인한 결과, 대장동·위례신도시 사건이 10회, 쌍방울 및 대북송금 관련 11회, 변호사비 대납 관련 5회, 백현동 사건 5회, 성남FC 사건 5회라고 주장한다. 반면, 민주당은 언론에 보도된 압수수색 장소를 기준으로 376회가 맞다고 주장한다.

서울중앙지검, 수원지검, 성남지청에서 70여 명의 검사가 투입돼 700여 일 동안 수사하고 이재명을 여섯 차례나 소환했다.

검찰은 수사력만 쏟아부은 게 아니다. 이 수사의 또 다른 특징은 이재명 대표에 대한 '악마화'다. 특히 대통령의 최측근인 한동훈이 이를 주도한 것이 상징적이다. 한동훈의 '이재명 까기'는 역대 법무부 장관들에게선 볼 수 없었던 모습이다. 한동훈은 국회에서 이재명의 체포동의안에 관한 설명을 두 차례 했는데, 일단 발언량이 압도적이다. 권칠승 더불어민주당 의원실에 따르면, 2023년 9월 21일 '백현동 개발 특혜 의혹'과 관련해 한동훈이 이재명의 체포동의안을 설명한 발언의 글자 수는 모두 9623자(국회 회의록 기준)로 역대 최다였다.[2] 원래는 1만 5000자였는데, 민주당 의원들이 "피의사실 공표를 중단하라"고 항의해서 대폭 줄인 게 그 정도였다. 이재명의 또 다른 사건인 '대장동 개발 특혜 의혹' 관련 체포동의안 설명은 7460자였다. 같은 상황에서, 한동훈의 전임 장관들의 발언량은 많아야 1000자를 조금 넘는 수준이었다.

발언량보다 더 심각한 것은 내용이었다. 전임 장관들은 체포동의안 대상 의원의 혐의 사실을 짧게 말하거나, 발언 없이 유인물로 갈음했다. 하지만 한동훈은 전임 장관들과 달리 피의사실 공표 논란을 일으킬 만한 내용을 거침없이 말했다. 법원에서 재판을 통해 확정된 사실이 아닌데도 전혀 개의치 않았다. 마치 이재명이 유죄 판결이라도 받은 듯 그를 범죄자로 단정짓는 표현을 마구 사용했다. 명백한 '무죄 추정의 원칙' 위반이었다.

개인의 정치적 목적을 위해 조폭 출신 주가 조작 세력과 유착하면서 경기도지사라는 막중한 지위를 악용했을 뿐만 아니라 핵 위협을 자행하는 북한을 상대로 한 UN 대북 제재의 무력화를 시도해 국제안보까지 위협한, 국기문란에 가까운 중대범죄다.

불법 특혜 제공으로 민간업자에게 거액의 이익을 가져다주고, 로비를 맡은 측근이 그 대가로 수십억 원을 취득하게 해서 이를 향후 선거자금과 정치자금으로 삼으려 한 것이 이 사건 범행 동기다.

하위 실무자들에 대한 책임 전가 등의 형태와 허위 증거 적출 등의 대응 방식도 매우 유사하며 이러한 여러 가지 사법 방해 행위들의 최대수혜자는 이재명 의원이었다.

이런 방식의 체포동의안 설명은 야당 의원들을 자극해 오히려 체포동의안이 부결될 가능성을 높인다. 그럼에도 이처럼 단정적이고 자극적인 표현을 사용한 것은 다른 노림수가 있기 때문이다. 피의사실 공표 논란을 피해 '합법적'으로 이재명의 혐의를 공개하

려는 목적이다. 검찰의 일방적 주장일 뿐인 공소사실을 언론에 보
도되도록 해서 이재명에 대한 부정적 여론을 조성하려는 것이다.

물론 범죄를 저질렀다면 지위 고하를 막론하고 형사처벌을
받아야 한다. 대통령이든 야당 대표든 모든 시민은 법 앞에 평등
하다. 하지만 어떤 이유에서든 피의자의 방어권을 무력화해서
는 안 된다. 헌법에 '무죄 추정 원칙'*이 명시된 이유다. 범죄 혐의
자에 대한 처벌 여부는 법원이 공개된 법정에서 재판을 통해 결
정한다. 검찰이 피의자를 재판에 넘기기 전에 피의사실을 일방적
으로 공개하는 것은 이런 형사사법 체계를 무시하는 것이다.

검찰의 '충정'에 힘입어 윤 대통령은 야당의 존재를 대놓고
무시한다. 윤 대통령은 2023년 12월 1일 노란봉투법(노동조합법
2·3조 개정안)과 방송3법(방송법·방송문화진흥회법·한국교육방송공사법
개정안)에 거부권을 행사했다. 앞서 간호법 제정안, 양곡관리법
개정안에 이어 취임 1년 6개월 만에 세 번째 거부권을 행사한 것
이다. 국회를 통과한 법안에 거부권을 남발하는 행위는 대통령
이 국회를 존중하지 않는다는 비판을 피할 수 없다.

물론 거부권은 헌법에 규정된 대통령의 고유 권한이다. 국회
가 국민의 의사에 반하는 법률을 만들 수 없도록 견제하기 위한
수단이다. 그러나 국회의 입법권을 침해하는 측면이 있기 때문

---

*   헌법 제27조 ④형사피고인은 유죄의 판결이 확정될 때까지는 무죄로 추정된다.

에 대통령의 거부권 행사는 극도로 절제해야 한다. 게다가 윤 대통령의 거부권 행사는 전직 대통령들과 차원이 다른 문제가 있다. 전직 대통령들은 특별검사법 등 대부분 정치적 사안과 관련된 법안에 거부권을 행사했다. 야당의 정치 공세에 대응하는 수단으로 대통령의 거부권을 활용한 것이다. 반면 윤 대통령은 민생과 관련된 법안에 거부권을 행사했다.* 간호법은 의료 사각지대 해소와 의료 비용 절감을, 양곡관리법은 쌀값 안정과 농민 생계 보호를 위한 법이다. 특히 파업에 대한 사측의 무분별한 손해배상과 가압류를 제한하는 내용의 노란봉투법은 유엔과 국제노동기구ILO가 이미 여러 차례 입법을 권고했을 뿐만 아니라, 2023년 6월 대법원 판결**로 정당성이 인정된 법안이었다.

---

*   윤석열 대통령은 민생 관련 법안 외에도 방송3법 개정안과 쌍특검법(김건희 특검법, 50억 클럽 특검법), 그리고 이태원 참사 특별법과 해병대 채 상병 순직 사건 특별법에 대해서도 거부권을 행사했다.

**   2023년 6월 15일 대법원 3부는 현대차가 비정규직 조합원들을 상대로 낸 손해배상 청구 소송에서 현대차의 손을 들어 준 원심을 깨고 사건을 부산고법에 돌려보냈다. 1·2심은 파업에 참여한 노조원들에 일부 손해배상 책임이 있다고 판결했지만, 대법원은 "개별 조합원에 관한 책임 제한의 정도는 노조 내 지위와 역할, 쟁의행위 참여 경위 및 정도, 손해 발생에 대한 기여 등을 종합적으로 고려해야 한다"고 판결했다. 이를 고려하지 않고 노조와 개별 조합원의 손해배상 책임의 범위를 동일하게 보는 것은 헌법상 근로자에게 보장된 단결권과 단체행동권을 위축시킬 우려가 있다고 했다. 이는 노란봉투법의 입법 취지와 같은 판단이다.

가짜 뉴스 핑계로 언론 탄압

검찰은 윤 대통령에게 비판적인 언론을 마구잡이로 수사한다. 검찰은 지난 20대 대선 때 여러 언론이 보도했던 '윤석열 후보'에 대한 검증 기사를 대통령에 대한 명예훼손 범죄로 간주해 특별수사팀까지 만들었다. 검찰이 현직 대통령의 명예 회복을 위해 전담 수사팀을 만든 것은 검찰 역사상 처음 있는 일이다. 서울중앙지검 특별수사팀은 2023년 9월 14일 뉴스타파를 시작으로 불과 두 달 만에 여섯 명의 전·현직 기자를 압수수색했다. 기자가 대통령에 대한 명예훼손 혐의로 강제수사를 당한 것은 민주화 이후 처음이다.

검찰을 이 수사에 끌어들인 것은 대통령실이다. 2023년 9월 5일 김은혜 홍보수석은 '대통령실 고위관계자' 명의로 성명을 내어 '김만배-신학림 녹음파일 보도*'를 "희대의 정치공작 사건"이라고 맹비난했다. 홍보수석이 자기 이름을 숨기고 익명으로 성명을 낸 것은 매우 이례적이다(오죽 떳떳하지 못하면 그랬을까). 그로부터 이틀 뒤인 9월 7일 이원석 검찰총장은 검사 열 명 규모로 '대선개입 여론조작 특별수사팀'을 구성한다. 윤석열 사단의 핵심 중 한 명인 강백신 부장검사를 팀장으로 하고 특수통과 공안

---

* '대장동 사건'이 불거질 무렵인 2021년 9월 15일 김만배와 신학림 전 언론노조 위원장이 만나 대화를 나눈 내용을 뉴스타파가 단독 보도했다. 주요 내용은 윤석열 대통령이 검사 시절 부산저축은행 수사를 무마시켰다는 것이었다.

통 검사들을 망라했다. 이튿날인 9월 8일 한동훈은 국회에 출석해 "허위 뉴스로 대선에 개입하는 것은 중대 범죄"라고 수사 가이드라인으로 해석되는 말을 한다. 한동훈은 기자들에게 "극단적 편향 언론이 반박할 기회가 없게 하려고 투표 며칠 전에 조직적으로 허위 뉴스를 퍼뜨렸다면, 그리고 그것이 특정 후보를 밀기 위한 의도였다면, 당연히 중대 범죄가 될 것"이라고 했다. 그러자 서울중앙지검은 '검찰 관계자'발로 "대통령 선거를 목전에 두고 유력 후보에 대한 허위 사실을 공표하고, 유사한 내용의 허위 보도와 관련 고발 등이 이어져 민의를 왜곡하는 시도가 있었다. 헌법상 민주주의의 근간인 선거제도를 농단한 중대 사건에 대하여 신속 엄정하게 수사하여 전모를 규명하겠다"라고 호응한다.

뉴스타파를 비롯해 언론들이 제기한 문제는 지극히 상식적인 것이다. 윤 대통령이 2011년 대검 중수2과장 시절 '부산저축은행 불법 대출 사건'을 수사할 때 대장동 일당에 대한 불법 대출 부분은 부실하게 수사한 게 아니냐는 것이다. 당시 수사팀은 대장동 사업을 위해 부산저축은행에서 1155억 원의 대출을 끌어오고 그 대가로 10억여 원을 챙긴 대출 브로커 조 아무개 씨를 불러 조사하고도 처벌하지 않았다. 그런데 조 씨는 그로부터 4년이 지난 2015년에 수원지검에 덜미를 잡혀 대장동 사업 불법 대출 혐의로 기소돼 징역형(2년 6개월)을 선고받았다. 따라서

'4년 전 대검 중수부 수사 때는 왜 조 씨가 처벌을 받지 않았을까, 혹시 수사가 잘못된 게 아닐까'라는 의문을 제기하는 건 당연하다.

더욱이 대장동 일당인 남욱 변호사는 검찰 조사에서 '대검 중수부 수사 때 김만배가 김홍일 당시 대검 중수부장에게 조 씨 관련 사건을 잘 봐달라고 부탁했다'는 취지로 진술했다. 김홍일은 당시 윤 대통령의 직속상관이었다(윤 대통령은 2023년 7월 그를 국민권익위원장에 임명한 데 이어 불과 4개월 뒤인 12월 방송통신위원장에 임명한다). 또 대출 브로커 조 씨는 당시 김만배의 소개로 윤 대통령이 검사 시절 상관으로 '모셨던' 박영수 전 특별검사를 변호사로 선임했다. 이런 사실들은 '부실 수사' 의혹이 전혀 허무맹랑한 게 아님을 뒷받침한다. 그런데도 이런 보도를 '대선개입 여론조작'으로 몰아 처벌하려는 것은 언론에 권력 감시 기능을 포기하라고 겁박하는 것과 같다.

미국 《뉴욕타임스》는 2023년 11월 10일 자 기사 〈President's War Against 'Fake News' Raises Alarms in South Korea〉에서 뉴스타파 기자들에 대한 압수수색 소식을 전하며 "수사 대상은 외국 스파이가 아니라 윤 대통령과 정부에 비판적 기사를 낸 국내 언론사"라고 보도했다. 이 신문은 "다른 언론사의 기자들도 표적이 되어 명예훼손 범죄 증거를 수집하기 위해 휴대폰과 파일을 압수당했다"며 "1990년대 한국이 민주화된 이후 당국이 이런 조처를 취한 적은 거의 없었지만, 윤석열 대통령이 취임하면서 상황이 바뀌었다"고 보도했다. 뉴욕타임스는 또 "윤 대통령은 미국 방문 중 한 연설에서 '자유'를 옹호했지만, 그의 18개월간 임기 특징은 야당과의 끊임없는 충돌과 검열, 민주주의 후퇴에 대한 두려움"이라고 지적했다.[3]

검찰은 전 정권 인사들에 대한 '보복 수사'에도 열을 올린다. 국가 최고 감찰기관에서 '정권의 돌격대'로 변신한 감사원의 고발 형식으로 '서해 공무원 피살 사건', '통계 조작 의혹 사건' 등에 관련된 전 정권 핵심 인사들을 마구잡이로 수사한다. 수사 대상자는 청와대 정책실장 및 수석비서관, 국정원장, 각 부처 장·차관 등 고위직만 25명에 이른다.

문재인 정권에서 공직을 맡았던 인사뿐 아니라 그의 가족도 타깃이 됐다. 문재인 정권의 초대 청와대 정책실장과 주중대사를 지낸 장하성의 동생인 장하원 디스커버리자산운용 대표가 그렇다. 펀드 사기 혐의로 기소돼 1심에서 무죄를 선고받은 뒤에도 무려 두 차례나 별건으로 구속영장이 청구됐지만 모두 기각됐다.* 법원의 기각 사유는 거의 똑같다. "일부 혐의에 대해 법리적으로 다툴 여지가 있어 보이고, 일부 혐의에 대해서는 충분

---

* 장하원 대표에 대한 첫 번째 별건 구속영장은 2023년 9월 5일과 같은 해 11월 22일 두 차례 청구됐다. 회사 직원과 투자사 관계자도 함께 구속영장이 청구됐는데 모두 기각됐다. 검찰은 장 대표를 별건으로 불구속기소했다.

한 소명이 부족해 피의자의 방어 기회를 보장할 필요가 있다."(서울남부지법 김지숙 영장전담 부장판사, 2023년 9월 8일), "범죄 관련 사실 및 법적 평가의 다툼이 있고 일부 자본시장법 위반 및 공소시효 도과 여부 등 법리를 다툴 여지 있어 피의자의 방어권을 충분히 행사할 필요성이 있다."(서울남부지법 유환우 영장전담 부장판사, 2023년 11월 24일) '금융·증권범죄합동수사단'이라는 거창한 이름이 붙은 서울남부지검 수사팀이 그야말로 먼지를 털듯이 수사했지만, 범죄 혐의에 대한 소명 부족이라는 치욕스러운 평가를 받은 것이다.

장하원은 이미 2022년 7월 펀드 사기 혐의로 한 차례 구속기소됐으나 1심에서 무죄를 선고받았다.[*] 1심 재판부는 검찰 수사가 얼마나 형편없는지 적나라하게 지적했다. 재판부는 검찰의 공소사실을 단 하나도 인정하지 않았는데, 그 이유에 대해서는 "검사가 주장하는 근거들은 (증거) 자료를 잘못 해석한 결과로 보인다"라고 밝혔다. 검사가 펀드에 대해 잘 알지도 못하면서 기소한 게 아니냐고 면박을 준 것이다. 그런데도 검사는 장하원에 대해 별건 구속영장을 두 차례나 청구했다. 피고인이 항소심에 제대로 대응할 수 없도록 만들기 위한 게 아니냐는 의심을 일으키는 대목이다. 1심 판결은 투자 위험을 제대로 알리지 않은 펀드

---

[*] 장하원 대표는 2024년 2월 2일 2심 선고기일 공판에서도 원심과 마찬가지로 무죄를 선고받았다.

판매사(은행, 증권사)의 책임이 크다고 봤는데, 검찰은 이 부분은 제대로 수사하지 않는다. 검찰이 말로는 '투자자의 피해 회복'을 강조하지만, 실제로는 투자 피해자에게는 별 관심이 없다는 얘기다.

검찰이 장하원을 물고 늘어지는 이유를 짐작하기는 어렵지 않다. 디스커버리 펀드에는 그의 형 장하성과 김상조 전 청와대 정책실장 등이 투자했다. 보수언론들은 이 펀드에 '장하성 펀드'라는 이름을 붙이고, '권력 실세가 개입한 펀드 사기'라고 공격했다. 틈만 나면 전 정권 공격에 열을 올리는 윤석열 대통령의 취향에 딱 맞는 수사인 셈이다. 그래서일까. 서울남부지검의 수사 책임자들은 2023년 9월 검찰 인사에서 나란히 승진했다. 이들은 '국내 최고의 금융·증권 전문 수사단'이라는 수식어를 낯부끄럽게 만든 장본인이지만, '윤석열 사단'의 좌장인 한동훈과 이원석은 이 인사를 결재했다.

윤석열 대통령은 검사 시절 "검사가 수사권 가지고 보복하면 깡패"라고 말한 적이 있다. 2016년 12월 초 '박근혜-최순실 국정농단' 특검 수사팀장에 임명됐을 때였다. 그가 박근혜 정권 초기에 '국정원 댓글 사건'을 수사하다 좌천된 것에 앙심을 품고 복수를 하지 않겠느냐는 세간의 우려를 불식시키려는 취지였다. 수사권을 검사 개인이나 검찰 조직의 '사적 보복'을 위해 사용해서는 안 된다는 지극히 당연한 말이다. 하지만 그런 검사가 대통령이 된 지금, 전 정권을 향한 검찰의 '보복 수사'가 기승을 부리고 있다.

'검찰정권'의 자가당착은 여기서 그치지 않는다. 문재인 정권에서 '적폐 수사'로 형사처벌을 받았던 이들은 윤석열 정권이 들어선 뒤 모두 사면·복권됐다. 역설적인 것은 적폐 수사의 지휘자가 바로 윤 대통령이었다는 사실이다. 윤 대통령은 자신이 수사를 지휘한 이명박 전 대통령을 2022년 12월 27일 특별사면·복권했다. 뇌물수수 및 횡령 혐의 등으로 징역 17년이 확정된 이명박은 남은 징역 14년 6개월을 면제받게 됐다. 그의 구속 기간은 950여 일로, 형 집행률은 15.5퍼센트에 불과하다. 사면되지 않았다면 2036년에 출소할 예정이었다.[4] 잘못을 인정하지 않은 채 국민에게 사과 한마디 없던 이명박은 잔여 형기뿐 아니라 미납 벌금 82억 원도 면제됐다.

윤 대통령은 김기춘, 원세훈, 최경환, 남재준, 조윤선, 우병우 등도 사면했는데, 모두 자신이 직접 수사했던 이들이다. 자기가 잡아넣은 이들을 자기 손으로 풀어 준 셈이다. '적폐 수사'는 2016년 촛불 집회에 참여한 시민들의 '적폐 청산' 요구에 따른 것이었다. 한동훈은 사면 관련 기자회견에서 특별사면의 명분으로 "이들에게 다시 국가 발전에 기여할 수 있는 기회를 부여했다"라고 했다. 하지만 국민 다수는 이들에게 그런 기회를 주는 것에 부정적이다. 한국사회여론연구소KSOI가 《TBS》의 의뢰로

2022년 4월 29일에서 30일 사이 실시한 여론 조사(신뢰수준 95퍼센트 표본오차 ±3.1퍼센트포인트)에서 이명박 사면에 대한 반대 입장은 51.7퍼센트, 찬성 입장은 40.4퍼센트로 나타났다.

앞에선 살권수, 뒤로는 고발 사주

검사 윤석열을 대통령으로 만든 건 검찰총장 시절 보여 준 '살권수'(살아 있는 권력 수사)였다. 조국 전 법무부 장관 등 친문 핵심을 겨냥한 수사는 문재인 정권의 '내로남불'에 분노한 이들의 민심을 얻었다. 2020년 11월 3일, 법무연수원에서 신임 부장검사들 앞에 선 그는 "국민이 원하는 진짜 검찰개혁은 살아 있는 권력의 비리를 눈치 보지 않고 공정하게 수사하는 것"이라고 목소리를 높였다. 검찰 초급 간부들의 '정신교육' 강연에서 공공연하게 살권수를 강조한 검찰총장은 이전까지 없었다. 문재인 정권의 검찰개혁을 탐탁지 않게 여긴 부장검사들은 자신의 보스가 보여 주는 당당함에 환호했다. 그 무리 속엔 당시 '검언유착 의혹 사건'으로 법무연수원으로 좌천된 한동훈 검사도 있었다. 그런 검찰총장이 대통령에, 최측근은 법무부 장관과 검찰총장에 있는 윤석열 정권에서는 검찰에 살권수가 수사의 기본 매뉴얼처럼 몸에 배어 있어야 마땅하다.

하지만 검찰은 현 정권의 실세로 알려진 김건희 여사의 여러 비위 의혹을 모른 체 한다. '도이치모터스 주가 조작 사건'의 주범들에 대한 재판에서 김 여사의 연루 의혹을 뒷받침하는 정황이 쏟아져 나왔는데도 검찰은 꿈쩍도 하지 않는다. 이런 와중에 터진 '김건희 명품백 수수' 의혹은 검찰의 '살권수' 의지를 확인할 수 있는 시험대였다. 이 사건은 앞서 김 여사와 그 일가에 관한 의혹들과는 차원이 다르다. 도이치모터스 주가 조작 사건 등역시 결코 가볍게 넘길 사안은 아니지만, 이 사건들은 윤 대통령이 취임하기 전에 일어난 일들이었다.

　하지만 김 여사의 명품백 수수 사건은 윤 대통령이 취임한 지 4개월 만인 2022년 9월에 일어났다. 갓 취임한 대통령의 권세가 하늘을 찌를 때였다. 이 무렵 김 여사는 주변 특혜 의혹에 휘말린 상태였다. 그의 개인회사인 코바나컨텐츠를 후원했던 건축업체가 용산 대통령실과 대통령 관저 인테리어 일부 공사 등을 수주한 사실이 드러났고, 야당은 이에 대한 국정조사를 해야 한다고 으름장을 놨다. 대통령실은 김 여사 관련 의혹을 일축했지만, '명품백 동영상'은 이런 의혹이 전혀 근거 없는 게 아님을 보여 준다. 이 동영상에서 김 여사는 "저에 대한 관심이 어느 정도 끊어지면 적극적으로 남북문제에 나설 생각"이라며 명품백을 들고 온 목사에게 "한번 크게 저랑 같이 일하자"고 제안한다.[5]

　명품백을 선물한 쪽은 김 여사가 금융위원회 인사에 개입한 정황을 목격했다고 주장했다. 명품백에 앞서 2022년 6월 샤넬 향수 세트를 전달하러 갔을 때 김 여사가 인사 청탁을 받는 장면을 목격했고, 다음번에 만날 때 비슷한 상황이 벌어질 것을 대비해 명품백과 몰래카메라 촬영을 준비했다고 했다.[6] 이 주장이 맞다면, 김 여사 관련 의혹은 김영란법 위반에 그치지 않고 국정 개입 논란으로 확대될 수 있다. 일부에선 '함정 취재'라는 이유로 취재 윤리 위반이라 비난하지만, 그것이 수사 개시의 장애가 되진 않는다. 위법수집증거배제법칙이나 독수독과이론은 위법 수집의 주체가 수사기관인 이 사안에서는 해당 사항이 없다.

사실 '살권수'는 새삼스러운 게 아니다. '검사 윤석열'의 선배들도 살권수가 필요할 때 기꺼이 이를 감당했다. 김영삼 정권의 검찰은 국정 개입 의혹이 제기된 대통령의 아들을 재수사까지 했다. '소문만으론 수사할 수 없다'던 검찰을 움직인 것은 김현철 씨가 자주 이용하던 병원의 폐회로텔레비전에 찍힌 동영상이었다. 김 씨가 《YTN》 사장 인사 문제를 누군가와 전화로 얘기하는 장면이 녹화된 영상이었다. 검찰은 1차 수사 때 김 씨가 인사에 개입한 증거가 없다며 무혐의 처분했다가 여론의 질타를 받았다. 민심이 심상찮다고 판단한 검찰 수뇌부는 대검 중수부장을 교체한 뒤 재수사를 한 끝에 별건인 조세포탈 혐의로 김 씨를 구속했다. 김대중 정권의 검찰도 대통령의 세 아들을 모두 구속했다. 당시 검찰총장들은 윤석열 총장처럼 떠들썩하게 살권수를 말하지도 않았다. 두 전직 대통령은 혈육을 감옥에 보내는 아픔을 감수했다. 그래야 성난 민심을 달래고, 나라의 기강이 바로 설 수 있다고 생각했을 것이다.

검찰이 살아 있는 권력 앞에서 눈을 감을 때 어떤 결과를 낳게 되는지는 박근혜 정권이 잘 보여 준다. 검찰이 '정윤회 문건'*을 제대로 수사했다면 최순실의 전횡을 막을 수 있었다. 그랬다면 2년여 뒤 헌정사상 첫 대통령 탄핵도 일어나지 않았을 것이다. 엉뚱하게 문건 유출자 처벌로 수사를 왜곡한 결과 정권은 무너지고 '검찰개혁'이 시대적 과제가 됐다.

검찰총장이던 시절 윤 대통령은 2019년 10월 17일 국회 국정감사에서 '검찰의 독립성과 중립성을 어느 정부가 그나마 보장했다고 생각하느냐'는 질문에 "이명박 정부 시절 (이명박) 대통령 측근이나 형(이상득)을 구속할 때 별 관여가 없었던 것으로 (기억

---

* 2015년 박근혜 정권 당시 청와대에 파견된 박관천 전 경정이 작성한 '정윤회 국정 개입 문건'이 외부로 유출돼 파문이 일었던 사건이다. 이 문건은 박근혜 전 대통령의 국회의원 시절 보좌관인 정윤회 씨가 이재만·정호성·안봉근 비서관 등 '십상시(十常侍)'로 불리는 청와대 인사 열 명으로부터 청와대 내부 동향 등을 보고 받고 국정에도 개입하고 있다는 내용이 담긴 문서다. 그러나 이런 정황이 드러났음에도 당시 검찰은 문건의 실체는 들여다보지도 않고 문건을 작성한 박 전 경정과 조응천 당시 청와대 공직기강비서관을 공무상비밀누설 등의 혐의로 기소했다. 박 전 대통령이 "문건 유출은 결코 있을 수 없는 국기 문란 행위다. 한 점 의혹 없이 철저하게 수사하라"고 지시한 것을 충직하게 따른 것이다. 하지만 박 전 경정이 검찰 조사에서 "대한민국의 권력 서열 1위는 최순실, 2위는 정윤회, 그리고 3위는 박근혜 대통령이다"라고 진술한 사실이 알려지면서, 당시 검찰이 제대로 수사했다면 1년여 뒤 드러난 최순실 씨의 국정 농단 정황을 더 빨리 알아채고 막을 수 있었을 것이라는 지적을 받았다.

한다). 상당히 쿨하게 처리했던 기억이 난다"고 답변했다. 이명박 정권의 청와대가 검찰 수사에 관여하지 않아서 대통령 측근 등에 대한 수사를 무난하게 처리했다는 것이다. 하지만 윤 대통령은 스스로 '쿨한' 모습을 보여 줄 생각은 전혀 없어 보인다. 김건희의 '명품백 수수'와 '도이치모터스 주가 조작' 의혹은 윤 대통령의 비호 아래 검찰 수사의 성역으로 남아 있다.

검찰정권의 이런 모습은 문재인 정권에서 외쳤던 '살권수'가 과연 진정성이 있는 것이었는지 의심을 일으킨다. '윤석열 검찰'의 살권수가 권력의 부패를 막기 위한 목적보다 검찰개혁을 추진하는 정권에 타격을 가하려는 의도가 더 크게 작용한 게 아니냐는 의심이다. 실제로 이런 의심을 뒷받침하는 증거가 이른바 '고발 사주' 사건이다. 지난 2020년 4·15 총선을 앞두고 검찰이 당시 야당(현 국민의힘)에 '윤석열 총장'과 '부인 김건희', '한동훈 검사장'의 명예를 훼손한 여권 인사와 기자들을 고발하도록 사주한 사건이다.

서울중앙지법 형사27부(재판장 김옥곤)는 2024년 1월 31일 '고발 사주 사건'의 주범 손준성 검사장에게 징역 1년을 선고했다. 재판부는 "검사가 지켜야 할 핵심 가치인 정치적 중립을 위반해 책임이 가볍지 않다"고 일갈했다. 재판부는 손준성을 비롯한 검사들(임홍석, 성상욱)이 정치적 중립 의무를 어기고 선거에 영향을 주려는 의도로 당시 야당에 고발을 사주했다고 판결했다. 재판부는 2020년 4·15 총선 직전인 4월 3일과 8일 두 차례에 걸쳐 김웅 국민의힘 의원이 조성은 당시 미래통합당 선대위 부위원장에게 전달한 고발장을 "대검 수사정보정책관실의 임홍석 검사가 작성했거나", "최소한 공소장을 써 본 사람이 작성하거나 검토에 관여했을 가능성이 크다"고 판결문에 썼다.

검사가 고발장을 직접 썼거나 최소한 작성에 관여했다는 사실은 보통 일이 아니다. 이 고발장의 목적은 피해자 '윤석열, 김건희, 한동훈'의 명예를 훼손한 당시 여권 인사와 기자들을 처벌하는 것이다. 피해자들에게 제기된 '도이치모터스 주가 조작'과 '검언유착 의혹'이 허위 사실임을 전제로 한다. 하지만 고발장이 작성된 시점은 두 사건에 대한 검찰 수사가 시작되기 전이었다. 고발장 작성자가 피해자들에게 직접 확인해 보지 않고서는 허위 여부를 알 도리가 없었다. 그런데 고발장에는 김건희의 주가 조작 의혹과 관련해 "(김건희는) 불법적인 주가 조작에 관여한 사실이 전혀 없었다", 한동훈에 대해서는 "《채널A》 녹음 파일에 나오는 목소리는 한동훈의 음성이 아니다"라고 단정적으로 적혀 있다. 따라서 '검찰총장의 눈과 귀'로 불리는 직책(대검 수사정보정책관)을 맡고 있던 손준성이 상관인 윤 총장과 한 검사장에게 이를 물어보아 알려진 내용일 가능성이 매우 높다. 달리 말해, 윤 대통령과 한 위원장이 당시 고발장 작성 사실을 몰랐을 가능성은 그만큼 낮다는 얘기다.

이를 뒷받침하는 정황도 있다. 고발장 전달을 앞두고 한동훈, 손준성, 권순정(당시 대검 대변인)이 있던 카카오톡 단체 대화방의 대화가 급증했다. 첫 고발장 전달 사흘 전인 3월 31일 93회, 4월 1일 66회, 4월 2일 138회 등이다. 또 윤석열과 한동훈 사이의 전화 통화 횟수도 4월 1일 12회, 4월 2일 17회로 매우 잦았다. 한동훈은 당시 부산고등검찰청 차장으로 좌천돼 대검 참모도 아니었다. 이뿐만 아니었다. 한동훈은 김건희와도 2020년 2월부터 4월까지 두 달 동안 무려 332회의 카카오톡 메시지를 주고받았다.

당시 검찰은 '울산시장 선거 개입' 혐의로 문재인 정권의 청와대를 겨누고 있었다. 임종석 비서실장과 조국 민정수석 등이 '대통령 친구'(송철호 전 울산시장)의 당선을 위해 같은 당의 경선 후보를 매수하고, 상대 후보에 대한 '하명 수사'를 지시했다는 의혹을 수사하고 있었다.* 그런데 '고발 사주 사건' 1심 판결은, 울산시장 사건을 수사하는 검찰이 뒤로는 총선에 개입할 의도로 '고발 사주' 공작을 꾸미고 있었음을 암시한다. 청와대를 겨냥한 수사는 검찰총장이 결정하지 않으면 사실상 불가능하다. 이런 점을 감안하면 윤석열 검찰총장이 외치던 '살권수'의 목적이 무엇

---

* 이 사건과 관련해 송철호 전 울산시장과 황운하 조국혁신당 의원(당시 울산지방경찰청장)은 2023년 11월 29일 1심에서 공직선거법 위반 등의 혐의가 인정돼 유죄 판결을 받았다. 송 전 시장과 황 의원은 각각 징역 3년을 선고받았고, 함께 기소된 백원우 전 청와대 민정비서관과 박형철 전 반부패비서관에게는 각각 징역 2년, 징역 1년·집행유예 2년이 선고됐다.

이었는지 충분히 짐작할 수 있다.

공수처가 2022년 5월 손준성을 기소했을 때 검찰은 이런 사정을 충분히 알 수 있었다. 그런데도 이원석 검찰총장은 2023년 4월 검찰의 핵심 가치를 훼손한 손준성에 대한 감찰을 무혐의로 종결했고, 나중에 검사장으로 승진까지 시켜 줬다. 검찰이 추구하는 가치는 무엇인지 근본적인 질문을 던지게 하는 대목이다. 검찰이 가진 권한은 오로지 국민을 위해 '공정'하고 '상식'에 맞게 사용되어야 한다. 그것이 검찰이 지켜야 할 핵심 가치다. 윤석열 대통령은 검찰의 핵심 가치를 내세워 정권을 잡았다. 민심은 그런 윤석열 정권에 공정과 상식을 기대했다. 그러나 '김학의 불법출금 의혹'과 '고발 사주' 사건 등에서 보듯 윤석열 사단이라 불리는 소수의 특수부 출신 검사들이 장악한 정권은 지금 국민의 기대를 아무렇지도 않게 배반하고 있다. 공정하지도, 상식적이지도 않은 짓을 버젓이 저지른다.

민심을 배반하는 검찰정권은 2024년 4·10 총선에서 혹독한 중간평가를 받았다.[*] 민주화 이후 집권 여당이 개헌저지선(101석)을 조금 넘는 의석으로 참패한 것은 처음 있는 일이다. 윤석열 정권의 '검찰통치'에 대한 국민의 분노가 그만큼 크다는 방

---

[*] 2024년 4월 10일 실시된 제22대 국회의원 선거에서 여당인 국민의힘·국민의미래는 108석에 그친 반면, 제1야당인 더불어민주당·민주연합은 175석, 조국혁신당 12석, 개혁신당 3석, 새로운미래 1석, 진보당 1석으로 범야권이 192석을 차지했다.

증이다. 특히 '검찰개혁'을 핵심 공약으로 내건 조국혁신당이 창당 한 달여 만에 제3당(12석)이 된 것은 의미심장하다. 4·10 총선은 민심이 대통령과 여당뿐만 아니라 검찰까지 심판한 선거였다. 검찰정권의 출범으로 물 건너간 듯했던 검찰개혁의 시간이 다시 온 것이다. 검찰정권에서 검찰을 개혁하는 것은 문재인 정권 때보다 훨씬 어려울 것이다. 하지만 철옹성 같던 군사독재정권도 시민의 거듭된 저항 끝에 결국 무너졌다. 민주주의를 향한 꺾이지 않는 마음이 그 출발점이었다. 검찰정권도 마찬가지일 것이다.

프롤로그_검찰개혁은 어떻게 보복당했나

1. L. 레너드 케스터·사이먼 정, 《미국을 발칵 뒤집은 판결 31》, 현암사, 2012, 213쪽.
2. 〈김학의 불법출금 수사 뭉개자… 윤석열, 직접 나서 사건 재배당〉, 《조선일보》, 2021년 1월 14일.

1. 과거를 묻다

1. 김학의의 해외 출국 저지 과정은 '김학의 불법출금 의혹 사건' 1심(2021고합307, 615) 판결문(12~16쪽)과 재판 기록을 토대로 재구성했다.
2. 이세민 전 경찰청 수사기획관 인터뷰, 《TBS 김어준의 뉴스공장》, 2019년 6월 17일.
3. 〈김학의 사건 결과 발표에 임은정, "실망스럽다"〉, 《한국일보》, 2019년 6월 5일.
4. 〈임은정, "김학의 수사를 여환섭이?… 어이없다" 이유는〉, 《국민일보》, 2019년 3월 30일.
5. 〈누가, 왜, 어떻게 김학의 사건을 덮었나〉, 《시사인》, 2021년 7월 27일.
6. 같은 글.
7. 〈박찬종 변호사 인터뷰, "김학의 전 차관, 별장 외 장소에서도 수차례 성폭행"〉, 《SBS 한수진의 SBS 전망대》, 2014년 7월 10일.
8. 박찬종 인터뷰, "김학의 동영상 논란, 피해자에 대한 인격 침해", 《CBS 라디오 시사자키 정관용입니다》, 2019년 3월 29일.
9. 강희철, 《검찰외전》, 평사리, 2020, 329쪽. 검찰과거사위원회 설치 근거에 관한 내용은 모두 이 책을 참조했다.
10. 같은 책, 341쪽.
11. 〈"기대하지 말라", '김학의 별장 성 접대' 진상 조사한다는 검사가 피해자에게 한 말〉, 《민중의소리》 2018년 11월 9일.
12. 〈박상기 장관의 예고된 참사〉, 《한겨레21》, 2019년 6월 14일.
13. 검찰과거사진상조사단, '김학의 차관 사건' 조사기록 제3권 이 아무개 피해 여성 면담(2018년 7월 13일) 녹취록.
14. 김학의 사건 1차 수사 불기소 이유서, 18쪽.
15. "저 살려 주세요", 별장 성 접대 의혹 피해자가 방송사에 온 이유, 《KBS 뉴스9》,

2019년 3월 14일.

16. 〈검찰과거사위, 이상득 3억 수수 의혹 재수사 권고〉, 《한겨레》, 2018년 11월 14일.

2. 검찰의 반격

1. 〈김학의 불법출금 수사 뭉개자… 윤석열, 직접 나서 사건 재배당〉, 《조선일보》, 2021년 1월 14일.

2. 〈김학의 사건 파기 환송 왜?… 대법, '검사 일방적 증인 사전 면담'에 제동〉, 《한겨레》, 2021년 6월 10일.

3. 〈조국 재판부 "검찰의 증인 사전접촉, 진술 회유 의심 살 수도"〉, 《한겨레》, 2020년 6월 19일.

4. 〈비위 의혹 이정섭 검사, '김학의 무죄' 파기환송의 주역〉, 《민들레》, 2023년 10월 19일.

5. 〈고개 숙인 검찰, "김경협 돈봉투, 오해였다"〉, 《부스앤뉴스》, 2012년 2월 2일.

6. 허일태, 〈한국에서 수사와 내사 범위와 한계〉, 《동북아법연구》(전북대학교, 2013), 106쪽.

7. 〈검찰, 노건평 잡고 '친박 핵심' 다 놔줬다〉, 《오마이뉴스》, 2015년 7월 2일.

8. 〈"악인이라도 절차 거쳐야 하는데" 김학의 출금에 문무일 한 말〉, 《중앙일보》, 2022년 9월 2일.

9. 법무부 형사법제과, 형사소송법 일부 개정안(박지원 의원)에 대한 검토서, 2009년.

10. 마크 갓시, 《죄 없는 죄인 만들기》, 원더박스, 2023, 168쪽.

11. 같은 책, 169쪽.

12. 같은 책, 172쪽.

13. 〈민변 이광철 "검찰, 조폭 양아치 행태… 국정원에 꼬리 내린 강아지 마냥"〉, 《로이슈》, 2014년 3월 3일.

14. 〈변협 "법무부, 민변 변호사 징계개시 결정 취소하라"〉, 《뉴스토마토》, 2018년 2월 7일.

15. 국회 행정안전위원회(367회) 회의록, 2019년 3월 14일, 73쪽.

16. 〈윤 총경, 경찰 소환 전날 청와대 행정관과 '은밀한 대화'〉, 《SBS》, 2019년 5월 20일.

17. 〈임은정 부장검사 '적격심사' 통과했다〉, 《한겨레》, 2023년 3월 3일.

18. 〈검수사팀 마지막 날 '불법출금' 이광철 기소… 조국은 남겼다〉, 《중앙일보》, 2021년 7월 1일.

3. 미완의 무죄

1. 〈이광철 "불법출금 대검 수뇌부 수사 미진"… 검찰 "수사팀 해체한 게 누군데!"〉, 《조선일보》, 2021년 10월 16일.
2. 〈박준영 "김학의 사건, 진영논리에 갇혀 정치적 활용 안 돼"〉, 《한국일보》, 2021년 4월 27일.
3. 김학의 불법출금 의혹 사건 1심 판결문, 103~104쪽.
4. 〈"목적 정당하면 불법도 무죄" 세상에 이런 판사가〉, 《조선일보》, 2023년 2월 16일.
5. 〈'김학의 불법출금' 무죄에… 공익 신고 부장검사 "법치·인권 후퇴"〉, 《조선일보》, 2023년 2월 15일.

에필로그_검찰정권의 배신

1. 〈홍준표 "검찰이 무능한 건지… 정권 내내 이재명 수사로 끝나나"〉, 《연합뉴스》, 2023년 9월 8일.
2. 〈한동훈, 국회 체포동의안 설명 발언량 1~5위 모두 차지〉, 《한겨레》, 2023년 10월 9일.
3. 〈미 뉴욕타임스 "한국검찰 수사 대상, 스파이가 아니라 정권 비판 언론"〉, 《미디어오늘》, 2023년 11월 11일.
4. 〈윤 대통령, 대통령 측근 김태효 사면… 이명박 사면·복권〉, 《한겨레》, 2022년 12월 27일.
5. 김건희 대통령? 충격 발언 대공개, 《서울의소리》 2023년 11월 29일. https://www.youtube.com/watch?v=flOI-_y9T88
6. 김건희 명품 선물한 제3의 인물 정체 대공개, 《서울의소리》 2023년 11월 28일. https://www.youtube.com/watch?v=hf4riK1F4Z4